# 쩨미가 쩨미에게

# 페미가 페미에게

## 다른 세대의 같은 페미니스트들

차례

## 페미니스트 세대 연결의 시작

이 책을 편 당신의 나이는 몇 살이며, 어느 세대에 속하는가?

평균 수명이 83세가 넘는 초고령사회가 되면서 세대 공존의 기간도 점점 길어지고 있다. 베이비붐 세대, X세대, 밀레니엄 세대, Z세대 등 세대별 특징적인 이름만큼이나 세대 차이, 세대 갈등이란 말도 우리 사회의 한 현상으로 굳어지고 있다. 세대연구의 초석을 놓은 칼 만하임(Karl Mannheim)은 세대갈등이 사회변동과 밀접한 연관이 있다고 보았다. 한국 사회와 같이 급격한 변동을 겪는 사회일수록 역사적·문화적 차이가 크기 때문에 세대격차도 심화되고 갈등도 커질 것이라는 것이 학계의 예측이기도 하다.

세대(Generation)는 동일한 시기에 태어난 사람들의 집합을 말한다. 동일한 시기에 태어났다는 것은 동일한 생애주기 단계에서 동일한 역사적 사건을 경험하기 때문에 의식과 행위 양식 면에서 동일할 수 있다는 것이다. 이러한 세대별 차이와 독특함은 유독 페미니스트들에게 도드라지는 듯하다.

1980년대 민주화 운동과 더불어 여성문제의 대중화를 이끈 현재 60~70대 베이비붐 세대 페미니스트, 여성정책의 제도화와 함께 여전히 현장을 누비고 있는 40~50대 X세대 영 페미니스트, 그리고 MZ세대 영영 페미니스트가 그들이다. 특히나 2015년 페미니즘 리부트 이후 온라인을 주무대로 새롭게 등장한 페미니스트 '다중'은 정말 독특하다. 기존의 페미니스트 세대와는 다른 방식의 페미니즘 학습 속도와 활동으로 위에서 아래로의 지도 편달이 불가능한 산발성을 특징으로 한다. 따라서 혹자는 이들을 단일하게 정의할 수 없기 때문에 대중(Mass)과는 달리 '다중'(Multitude)으로 명명하기도 한다. 또한 이들은 당당히 '선배 없는 페미니즘'을 말한다. 오늘도 현장에서 성차별 철폐를 외치고 있는 40~50대 페미니스트 선배들은 당황스럽고, 60~70대 페미니스트들은 걱정스럽다. 과연 이들의 접점은 어디에 있을까? 서로 다른 페미니스트 세대들, 그들은 같은 페미니스트로 불릴 수 있을까?

## 페미니스트들의 특별한 저녁 식탁

다양한 세대들이 '페미니스트'라는 이름으로 한 식탁에 모였다. 꼰대 선배들의 운동판에 참여하자는 부담스러운 제안이 아니었다. 어디 한번 허심탄회하게 같이 앉아서 그야말로 '밥'을 '함께' 먹어보자는 것이었다. 20대 초반부터 70대의 페미니스트들이 둘러앉아 시시콜콜한 일상의 이야기를 던져놓으며 떡볶이, 초밥, 김밥, 샌

드위치를 같이 먹었다. 심각한 정세 토론이나 교육은 없었다.

스트레스 받으면 무엇을 하는지, 지금 하는 일은 사랑하는 일인지, 지루할 땐 뭘 하는지 등을 나누었다. 우리의 이야기는 때론 너무 사적이거나 시시콜콜해서 글로 옮기기 민망할 정도였다. 반려견과 산책하기, 스쿠버다이빙의 재미 그리고 가족에게 상처받은 아픈 경험까지. 누구에게나 할 수 있지만, 아무에게나 할 수 없는 내밀한 대화들을 나눈 우리의 식탁엔 일상과 삶이 묻어났다. 누구도 개개인의 이야기에 충·조·평·판 하지 않았고 그 어느 공간보다 안전하게 보호받고 있음을 만끽했다.

버지니아 울프(Adeline Virginia Woolf)는 훌륭한 저녁식사는 훌륭한 대화를 나누는 것이 중요하다고 했다. 또한 식사는 '먹는 것'이 아니라 '모인다는 것'에서 그 의미를 가진다고 했다. 누군가가 해준 음식, 혹은 누군가와 함께 먹은 음식을 기억하는 것은 단지 음식의 맛 때문만은 아니다. 페미니스트의 저녁 식탁은 소박했지만 우리는 서로를 기억하고 그 무해한 대화와 시간을 기억했다. 먹는다는 것은 지극히 개인적인 것이지만 함께 먹는다는 것은 개인을 공동체로 불러오는 사회적 상호작용의 한 부분이다. 함께 식사하는 것만으로도 다른 세대의 페미니스트들은 같은 공동체가 된 것이다.


이 책은


첫 장 '페미가 페미에게'는 페미니스트들의 저녁 식탁에서 나눈 대화들을 기록한 것이다. 첫 만남 시간에 나온 여러 주제들 중 선정하여 총 4번의 만남을 통해 나눈 대화를 엮었다. 별칭으로 소개하는 14명의 페미니스트들 그리고 '토마토'의 심층인터뷰를 통해 나와 다르지만 같은 페미니스트의 일상을 엿볼 수 있다.

'페미전(戰)'은 20대에서 70대까지 현재진행형으로 치열하게 살아가고 있는 페미니스트들의 삶의 이야기를 담았다. '전(戰)'이란 한 사람의 전기라는 뜻과 치열

한 전쟁이라는 중의적인 뜻을 담았다. 이들에게는 공통적으로 사회에 존재하는 성차별을 처음으로 인식하고 페미니스트로 살아가게끔 만드는 결정적인 순간들이 있는데 이를 '각성'이라고 한다. 우리가 잘 아는 미투 운동과 검은 시위는 20~30대 페미니스트들을 각성하게 했다. 언제부턴가 자신을 누르는 불편함, 나만 그런가 했던 의심스러운 감정이 무엇인지 알아차린 것이다. 40대 페미니스트 역시 미투를 분기점으로 여성운동을 '나의 운동'으로 받아들이게 되었다. 50대 페미니스트는 처음 여성학 공부를 시작했을 때, 사회의 무수한 성폭력과 성희롱 사건들을 마주하고 저항할 때, 또 톡톡 튀는 영영 페미들을 만날 때 n차로 각성했다. 60~70대 페미니스트는 각각 자신만의 장—작가의 장, 정치 참여의 장, 여성교육의 장—에서 여성운동의 역사와 함께 성장했으며 여전히 건재하다. 페미니스트들은 세대와 상관없이 가정에서 거리에서 치열하게 전쟁을 벌인다. 말로, 시위로, 글로. 끝없는 전쟁으로 지칠 법도 하지만 그들에게 포기는 없다. 한 명의 남성이라도 '교화'하고자 새로운 공존의 전략을 짜기도 하고 페미니스트로서 당당하게 한 점 부끄럼 없이 살기 위한 내면의 노력을 기울이기도 한다.

마지막 '에필로그'는 동시대를 함께 살아가고 있는 여성들의 안녕을 바라는 편지로 엮었다.

페미니스트들의 만남을 기획하고 책을 엮은 부산여성단체연합은 부산에서 진보적인 여성운동을 표방하는 여성단체들의 연합체이다. 지역, 여성, NGO라는 듣기만 해도 열악한 단어들의 조합이지만 1999년 시작된 연합은 힘든 여건 속에서도 25년째 굳건하다. 부산여성단체연합은 지역 성평등 정책의 모니터링, 성평등 추진체계를 단단히 하기 위한 제안과 날카로운 비판, 차세대 페미니스트들을 발굴하고 교육하기 위한 여러 사업들, 시민사회 타 단체들과의 연대를 통한 운동의 확장 등 일당백으로 부산의 성평등을 일궈내는 중이다.

지역에 기반한 여성주의 교육, 연구, 문화공동체 부산여성사회교육원, 여성주의 상담과 사건지원 등을 통해 여성폭력에 대응하는 부산여성의전화와 부산성폭력 상담소, 풀뿌리 지역운동과 여성노동운동을 펼치는 부산여성회, 여성 중에서도 더욱 소수자인 당사자 운동에 기반한 부산여성장애인연대, 부산한부모가족센터. 이 모두가 함께 하는 곳이 부산여성단체연합이다. 연합의 선배 페미니스트들은 언제나 후배 페미니스트들을 기다린다.


## 느슨하고 질긴 연대를 위해서

우리는 4번의 저녁 식사와 대화, 8번의 심층인터뷰를 통해 반복적으로 질문한 것이 있다. 이렇게 다른 페미니스트들이 함께할 수 있는 '느슨하고 질긴 연대'는 무엇이냐고. 참 어려웠다. 정답은 없었지만 페미니스트 개인이 실천할 수 있는 일은 있었다.

우선은 세대 간의 다름을 인정하고 받아들이는 것, 민감성을 유지하는 것, '이상하다'고 말하면서 이해를 포기하지 않을 것. 여성이라는 이유만으로 배척당했다면 여성이라는 이유만으로 사랑을 보낼 것. 자신이 서 있는 그 자리를 잘 지키고 무엇보다 내가 페미니스트임을 잊지 않을 것.

우리의 책, 페미들의 책 '페미가 페미에게'는 책 편집의 마지막까지 20대, 30대, 50대가 함께 작업했다. 세대도 다르지만 취향도 성향도 너무 다른 편집벤져스 수현, 은주, 현주님에게 감사 드린다. 상상만 했던 자력 출판을 현실에서 구현 할 수 있도록 지원을 아끼지 않은 사계의 지숙 선생님, 기꺼이 자신의 말과 글을 싣게 허락해 준 모든 페미니스트 참여자들께 무한한 고마움을 전한다. 마지막으로 '페미전(戰)'의 대미를 장식해주신 우리의 스승 이기숙 교수님 항상 건강하시길.

이 책에 담긴 페미들의 이야기는 보물찾기다. 쉬엄쉬엄 읽다 보면 곳곳에 숨어있는 여성들의 목소리를 발견할 수 있을 것이다. 부디 무사히 찾길 바란다. 그 목소리가 당신과 닮았다고 생각한다면, 성공이다.

함께 한 페미들을 대표해 물금에서, 물금이

# 페미가
# 페미에게

# 만남

본격적인 무더위가 시작된 7월 여름, 다양한 세대의 페미니스트들이 한자리에 모였다. 처음 보는 낯선 얼굴들이었지만 여기 있는 모두가 페미니스트라는 사실만으로 편안함을 느낄 수 있었다.

이들이 모인 자리에서는 거창한 것을 하지 않는다. 얼굴을 맞대고 앉아 맛있는 걸 함께 먹으며 살아가는 이야기를 오순도순 나눌 뿐이다. 서로의 존재를 노력하지 않으면 느낄 수 없는 요즘, 그래서 온기가 머무르는 이곳은 참 귀하다고 할 수 있다.

내 이야기를 솔직하고 편안하게 꺼내도 존중받을 수 있는 곳, 발화한 문장들이 어떻게 흘러가는지 더 이상 신경 쓰지 않아도 되는 곳. '페미가 페미에게'와 같은 무해한 언어로 대화할 수 있는 무해한 공간이 많아지기를 바라는 마음으로 페미니스트들이 함께했던 순간을 기록한다.

## # 참석자 소개

**그린**
녹색과 산을 좋아하며, 자신을 떠올리면 산이 생각나서 '그린'이라고 지었다.

**두더지**
취미 활동 후 땅굴 파는 시간을 가지는데 깊게 파고드는 경향이 있어 땅굴 파는 두더지가 생각나 '두더지'라고 지었다.

**티**
모두와 함께하는 시간이 향기로운 차 한 잔을 마실 때와 같이 평화롭고 즐거웠으면 하는 마음으로 '티'라고 지었다.

**빵쌤**

'뜯어먹기 좋은 빵'이라는 시집을 출간했
으며 사람들을 잘 챙겨 먹이는 걸 좋아하
여 '빵쌤'이라고 지었다.

**봄**

생명을 보듬어 주는 봄의 다정한 모습
을 닮고 싶어 '봄'이라고 지었다.

**토마토**

토마토를 좋아하여
'토마토'로 지었다.

**썬더**

마침 모임 전날 비가 많이 왔고, 천둥과 번
개도 많이 쳐서 '썬더'라고 지었다.

## 솔

이름에 받침이 없어 받침 있는 사람들을 부러워하여 받침이 있는 한 글자 이름을 갖고 싶어 '솔'이라고 지었다.

## 유영

마음의 평안과 물 흐르듯이 흘러가는 편안함을 추구하여 '유영'으로 지었다.

## 없다

의미가 있어야 '있는' 존재가 되니, 지금은 '없다'로(나중엔 '있다'로 바뀔지도 모르지만) 지었다.

## 어연

연어를 좋아하여 연어를 거꾸로 한 '어연'으로 지었다.

### 주야

이름의 끝 자가 구슬 주(珠)이고 집에서
주야라고 불려서 '주야'라고 지었다.

### 물금

모든 걸 막지 않고 금 없이
다 받아들인다는 뜻의 '물
금'이라는 지역명이 좋고,
이 모임에서도 경계 없이
교류하며 마음이 통했으면
하여 '물금'으로 지었다.

### 휴(休)

여성이 모인 공간에 오면 안도하고 쉬
게 되는 것도 있고, 이곳에서 편안한
시간을 보냈으면 하는 마음으로 '휴'라
고 지었다.

# # 주제 정하기

1. 지루하지 않게 사는 방법
2. 일과 나
3. 스트레스 관리법

  우리는 첫 번째 만남에서 앞으로 이야기 나누고 싶은 주제를 각자 포스트잇에 적어 보는 시간을 가졌다. 포스트잇에 적힌 내용은 다양했으나 크게 추려 보면 다음과 같았다. 삶의 재미를 찾기 위해 '지루하지 않게 사는 방법'을, 나와 일 사이의 균형을 맞추기 위해 '일과 나'를, 여러 상황 속에서 나를 지키기 위해 '스트레스 관리법'을 이야기 나누기로 하였다. 언급된 이야기 주제 중 '무해한 대화'가 있었으나 '무해한 대화'는 모임 속 우리들의 규칙으로 녹여 내기로 하였다.

# # 규칙 정하기

**물금** 근데 무해한 대화는 어떤 걸까요?

**유영** 저는 여성들이 모인 자리에서 대화할 때 안전하다는 느낌을 받는데, 서로에게 해가 없는 단어로 이야기해서 그런 게 아닐까 싶었어요. 이곳을 생각하면 무해한 대화라는 단어가 자연스럽게 떠오르더라고요.

**두더지** 사실 여성들끼리만 모여 있는 게 아니면 무해한 대화는 하기 힘들잖아요. 그래서 우리가 무해한 대화를 한다면 어떻게 할 수 있는가, 무해한 대화가 필요할 때는 어떻게 장소를 마련할 수 있는가에 대해 생각해 봐도 좋을 거 같아요.

**주야** 모임을 하다 보면 각자 다른 주제로 얘기를 해도 서로 맞닿는 지점이 생기면서 공감이 일어나더라고요. "나도 그랬고, 너도 그랬다." 하면서요. 이러한 방식이 꼭 무해한 대화 같다고 느꼈어요. 서로에게 상처 주지 않고 같이 이야기하는 것만으로도 위로받는 느낌이라.

**물금** 무해에 관한 정의도 우리가 내려야 할 것 같아요. 사람에 따라 '무해'라는 것이 다를 수도 있으니까요. 비폭력 대화, 나-전달법, 공감적 대화 이런 건 많이 있지만 무해한 대화라고 딱히 정해진 것은 없어서 이 주제로 이야기를 나눈다면 어떤 식으로 해야 할지 고민되긴 하네요.

**유영** 그럼, 무해한 대화는 하나의 주제로 얘기를 하는 게 아니라 저희끼리 모여 있는 이 공간 안에서는 서로에게 최대한 무해한 방식으로 대화하자고 약속하는 형태로 시작하는 건 어떨까요?

**물금** 그런 것도 좋겠네요! 이 공간 안에서 우리가 만날 때는 이러한 규칙으로 서로 대화를 한다.

**주야** 규칙 정하는 것 좋아요! 음, 뭐가 있을까요. 나이나 뭐 호구 조사 안 하기? 처음 만났을 때 너무 자연스럽게 나오긴 하는데 이 시간 이후로 안 하기. 대신 물어볼 게 너무 많으니까요. 뭘 좋아하는지, 취미는 무엇인지 등등.

**빵쌤** 이건 내 나이대 사람들의 결점인지는 모르겠는데, 이야기하다 보면 '내가 해 봐서 아는데~' 이런 말들을 자주 하게 돼요. 위로를 해준다거나 아는 체를 하고 싶어서 다른 사람이 무슨 얘기를 하면 '나도 알아.', '나도 경험해 봤어.' 같은 말들을 할 때도 있는데 의외로 그게 소통에 엄청난 방해가 돼요.

**주야** 맞아요. 이건 우리가 조심해야 할 부분이 있는 것 같아요. 어쨌든 우리는 다양한 연령대가 있으니까 이미 경험해 본 사람들의 이야기가 필요한 순간이 있잖아요. "그때 내가 해 봤어."가 중점이 아니라, 내가 해 봤는데 이런 방식이 어떤지 조언해 주는 식의 방식이면 저는 너무 좋을 것 같아요.

**티**  그리고 꼭 그런 말씀을 하시는 분은 내가 하는 말을 끊어요. 그러니까 우리도 말을 끊지 말고 끝까지 들어주면 좋을 것 같아요.

**두더지** 또 가치 판단하지 않으면 좋겠어요.

**빵쌤**  '충·조·평·판' 하지 않는 걸로. 충고, 조언, 평가, 판단.

**물금**  좋은데요. '충·조·평·판' 하지 않으면 이 모임에서는 무해한 대화가 이뤄질 것 같아요. 그럼, 우리의 규칙은 '충·조·평·판 하지 않기'로 하겠습니다.

# 지루하지 않게
# 사는 방법

최근에 제일 많이 웃은 날인 것 같아요.

저도 최근에 제일 말을 많이 한 날인 것 같아요. 지루하지 않게 사는 방법은 잘 못 들은 것 같은데 사람 사는 게 다 비슷비슷하구 나. 엄청나게 특별하게 사는 사람도 없는 것 같다는 생각도 해봤 어요.

재밌었습니다. 우리가 아주 다르지 않구나. 서로 연령대가 다 르고, 하는 일이 다르지만, 재미를 느끼는 방법은 좀 비슷하다. 같 이 공감하고 같이 웃을 수 있다는 생각이 듭니다. 감사합니다.

페미니스트 여성들이 모이면 무슨 이야기를 할까. 여성의 인권에 대해서 열띤 토론을 할까? 물론 그럴 때도 있다. 하지만 페미니즘은 일상이다. 우리는 새로이 만나는 여성의 목소리를 듣는 것이 기쁘다. 그들의 삶의 한 면을 볼 수 있는 것에 감사하다. 어쩌면 이름 석 자도 모르고 지나쳤을 인연을 한데 모아 만나는 시간이 참 소중하다.

'지루하지 않게 사는 방법'을 주제로 다양한 이야기를 나눴다. 어떻게 살고 있는지, 어떤 일을 하는지 또 그 속에서 무엇을 느끼는지 알게 되었고 먼 미래를 그려보기도 했다. 적당한 거리에서 오는 편안함이 있었기 때문에 각자의 수많은 이야기를 서로에게 내보일 수 있었다. 이름도 다르고 사는 방식도 다르지만 여성이라는 이유만으로 서로를 연결할 수 있었다.

지루하지 않게 사는 방법을 하나 더 추천한다. 어제는 몰랐던 여성의 이름을 알게 되는 것, 그의 눈을 보고 삶의 면면을 이해하는 것, 그리하여 그의 안녕을 바라는 것. 그것이 삶의 큰 기쁨이자 즐거움이다.

**솔** '지루하지 않게 사는 방법, 삶의 재미'라는 주제
　　로 얘기를 해볼 건데요. 제가 생각하는 '삶의 재
　　미'라는 것은 어떻게 해야 인생을 살 때 지치지
　　않고 계속 새로운 영향과 자극을 받으면서 살아
　　갈 수 있을까? 하는 이야기인 것 같아요.

**주야** '자극'과 '영향'을 초점으로 할까요?

**솔** 네. 여러분들이 어떤 영향을 받고 어떤 자극을 추
　　구하면서 살아가고 있는지 말해주세요.


# # 유튜브의 영향력

**솔** 유튜브 들어가면 바로 리스트가 뜨잖아요. 그러
　　면 저는 거기서 마음에 들지 않는 영상이 있으면
　　'관심 없음'이랑 '채널 추천하지 않음'이라는 기
　　능을 자주 써요. 예를 들어서, 너무 반페미니즘적

인 채널이나 너무 여성 혐오적인 내용을 담은 영상이 알고리즘으로 뜨면 '채널 추천하지 않음'을 눌러서 알고리즘을 바꾸기도 하고요.

**썬더**  저는 다 신고해요. 채널 자체를 신고.

**솔**  네. 사이버 렉카(교통사고가 나면 재빠르게 달려오는 렉카처럼, 온라인 공간에서 특정 사건사고나 논란이 터지면 빠르게 논란을 정리하여 소개하거나, 비판하는 영상을 올려 조회 수를 올리는 크리에이터를 말한다.) 같은 건 뜨지 않는데, 약간 은은하게 혐오 시선이 깔린 것들이 많은 것 같아요. 예를 들어서 개그 채널을 볼 때도 가부장제 내에 여성의 역할에 대한 환상을 심어 놓는 모습들, 그러니까 여성들이 밥을 차리는 게 여성의 고정 역할이라고 얘기하는 채널이면 안 보고 '추천하지 않기'를 누르거든요. 그래서 그런 것들을 소비하지 않고 여성들이 운영하거나 주체적으로 나오는 채널을 응원하고 싶어서 그렇게 알고리즘을 길들였습니다.

**주야**   그러게요. 유튜브가 아무 생각 없이 보기 쉬운데 뜻을 담아서 보시네요.

**물금**   저는 일이 너무 바쁘고 일 생각을 계속 하니까 유튜브는 정말 아무 생각 없이 봐요.

**썬더**   저는 유튜브를 진짜 안 보는데요. 영상으로 정보를 찾기 위해 검색을 하지 습관적으로 보지는 않아요. 예를 들면 운동화 끈 묶는 방법이 필요하면 봐요. 요즘은 길거리를 다녀도 지하철에서도 그냥 아무 생각 없이 유튜브 영상을 계속 넘기는 사람들이 엄청 많더라고요. 인스타그램 '릴스'처럼 짧은 영상들요. 그래서 '저걸 왜 보는 거지?'라는 생각도 하고. 어떤 정보를 주는 것도 아니고 웃기지도 않고. 그냥 실없는 소리 해대는데 왜 보는 걸까 궁금하기도 하네요.

**어연**   저는 넷플릭스 구독을 해지하면서 유튜브를 많이 보고 있어요. 며칠 전에 본가에 가서 텔레비전을 보다가 '경이로운 소문 시즌 2'를 보는데 재밌는 거예요. 그냥 막 김세정이 악귀 다 때려잡는 게 너무 속이 시원해요.

**주야**  저는 유튜브를 뇌가 절여진 느낌이 들 정도로 보거든요. 스트레스 받거나 퇴근하고 너무 힘이 없으면 그냥 침대에 그대로 누워서 영상만 계속 봐요. 근데 이게 나쁘다고 느낀 게 영상을 한참 보고 책을 읽으려고 하니까 눈에 하나도 안 들어오는 거예요. 활자가 단어로 안 읽혀요. 연결이 안 되고.

『도둑맞은 집중력』이라는 책이 있는데 어떤 유튜버가 저자랑 책 내용에 관해서 이야기하는 영상이 있어요. 그 저자가 얘기하기를, 당신이 정말로 그 영상을 원해서 보는 게 아니고 그냥 그렇게 할 수밖에 없는 영향력이 있다는 거죠. 근데 벗어나기가 너무너무 힘들다고 말하더라고요. 그래서

'그래, 나만 이런 건 아니겠지.' 합리화하고.

**썬더** 얼마 전에 한 연구 결과를 봤어요. 영상을 볼 때와 오디오북처럼 누가 말해주는 것을 들을 때, 그리고 활자를 읽을 때, 뇌 활성화 정도를 실험했는데 영상을 볼 때는 뇌가 거의 활성화가 되지 않아요. 그런데 활자를 내 머리로 생각하면서 읽을 때는 뇌가 엄청나게 활성화가 되는 거예요. 오디오북은 중간 정도고. 그래서 계속 활자를 읽지 않으면 사람이 정말 큰일 나겠단 생각이 들었어요.

**주야** 저 대학교 다닐 때 어떤 강연을 들었는데, 그때만해도 유튜브가 나온 때가 아니거든요. 스마트폰이 출시된 이후인가 봐요. 스마트폰을 오래 보면활자를 일자로 쭉쭉 읽어나가는 게 아니고 'Z' 자로 읽게 된대요. 독해력이 떨어지는 거죠. 그래서책 읽는 것에 대한 중요성을 이야기하는데 그때만 해도 그 강연장에 있는 대다수가 동의하지 않앉거든요. 근데 지금 생각해 보니까 그 이상을 넘어선 거죠.

**어연** 저도 이건 문제가 있다는 생각에 도서관에 가서 문해력 관련한 책을 읽는데 그 책을 읽다가 덮고 유튜브를 보는 거예요. 집중이 안 되고.

**물금** 어떻게 해야 하지. 점점 책을 읽는 비중이 줄어들 텐데 말이죠. 이제는 거의 책을 읽지 않고 유튜브 같은 곳에서 지식을 다 습득하는 것 같아요.

**주야** 태어나면서부터 스마트폰을 봤다면 그게 너무 당연한 거잖아요. 저희가 책을 보듯이.

**썬더** 그런 것 같아요. 몇 년 전에 어떤 아기가 컴퓨터 화면을 자꾸 손으로 넘기려고 하더래요. 걔 인생에서는 스마트폰을 계속 넘겨왔으니까, TV도 똑같이 넘기려 하고. 이게 어른들이 보기에는 무서

우면서도 신기한 현상인 거죠.

**어연** 좀 공감돼요. 저는 스스로 디지로그(아날로그+디지털)에 가까운 사람이라고 생각해요. MBA 과정을 듣다 보면 시험을 쳐야 하니까 출력물을 보는데 순간 저도 모르게 스마트폰을 확대하듯이 손으로 종이에 확대하는 거예요. 하다가 '나 뭐 하는 짓이지?' 이랬어요.


## # 삶의 활기를 주는 취미들

**물금** 각자 나름대로 삶의 재미를 느끼는 또 다른 방법들이 있을 것 같아요.

**어연** 저 뮤지컬 '태양의 서커스' 예매했어요.

**주야** 저는 요새 책 사는 재미에 빠졌어요. 책을 들고 다니기가 무거워서 이북 리더기를 샀었거든요. 그러다가 최은영 작가 소설을 서점에서 잠깐 보다가 재밌어서 바로 샀어요. 책이 주는 느낌이 또 다르더라고요. 한 장씩 넘기면서 줄어드는 거 보는 재미도 있고. 또 지하철에서 모두가 핸드폰을 들 때 나만 지성인인 척 심취하고.

**물금** 저도 항상 학기 초에는 수업 준비를 잘해보려고 책을 사기도 하고 도서관에 가서 빌리기도 하거든요. 빌리거나 사는 것에 일차적으로 뿌듯함이 들고. 근데 책이 전부 전문 서적이니까 처음부터 끝까지 읽기는 굉장히 힘들어요. 그래서 중간중간 나한테 필요한 것만 빼서 읽고 하긴 하는데 항상 도대체 어디까지 읽어야 하는 건가. 뒤에 페이지 보면서 얼마나 남았는지 분량을 확인하곤 해요. 하지만 책을 읽는 건 여전히 삶의 재미예요.

**주야**  저는 한국 여성 작가가 쓴 소설이나 에세이를 주로 읽거든요. 근데 성공하려면 자기계발서를 읽어야 하고 성공한 사람들이 쓴 책을 읽어야 한다는 거예요.

**물금**  요즘 『세이노의 가르침』이라는 책이 베스트셀러더라고요. 내용도 방대하고 엄청 두꺼워요. 혼자서 힘들게 자수성가해서 부자가 된 경우예요. 그래서 저자는 안 해본 게 없어요. 근데 글쓴이가 삶을 대하는 자세나 이런 건 다 알겠는데 요즘 사람들하고 저자 자신하고 약간 상황이 다르잖아요.

**썬더**  저는 자기계발서를 보기 싫은 게 다 자기 자랑하고, 그 사람은 잘됐으니까 이렇게 쓸 수 있는 거죠. 아직 안 된 사람도 얼마나 많은데 똑같이 한다고 다 잘되는 건 아니잖아요. 근데 마치 남을 가르치듯이 너희가 이렇게 안 하니까 지금 그 상황이라고 말하는 게 너무 짜증나요.

**물금**  그리고 특히 여성에게 주어진 상황들은 매우 다
른데 계발서의 주인공은 남성인 경우가 아주 많
거든요.

**주야**  저는 최근에 『90년대 여성 창업자들』이라는 책
을 샀어요. 코스모폴리탄지에서 출간한 인터뷰
집인데 출간되자마자 재밌을 것 같아서 바로 샀
거든요. 인터뷰 질문이 반복되긴 하지만 그 여성
들 자체로 너무 멋있었어요. 자기가 여성으로서
겪었던 어려움들이 있었지만 사업가로서 자기가
닦아나갔던 길을 얘기해주니까 그 자체로 저한
테 큰 자극이 되더라고요. 저도 90년대생 여성이
니까 같은 세대라는 동질감이 있어서 그런지 진
짜 재미있게 봤어요.

**물금**  그런 건 계속 많아졌으면 좋겠어요. 저도 우리 지

역에서 성공한 여성들을 인터뷰해서 그 사람들이 어떻게 살아왔는지 널리 알리면 좋겠다는 생각이 많이 들었거든요. 논문으로 쓰든 책으로 읽든 그런 기회가 있다면 좋겠다고 생각해요.

**솔**　저는 삶의 재미라 하면 TRPG(Tabletop 또는 Table-talk Role Playing Game. 테이블에 여러 명이 둘러앉아 대화를 통해 각자에게 주어진 역할을 연기하는 게임.) TRPG가 잘 맞는 이유가 사람들이랑 얘기하는 걸 굉장히 좋아하거든요. 근데 단순히 얘기하는 게 아니라 상대방의 생각을 알아가는 것을 좋아해요. 그래서 한 주제에 대해서 어떻게 생각하는지 혹은 어떻게 살아왔는지에 대해서 관심이 많아서 사람들을 만나는 것이 저의 삶의 재미입니다.

**주야**　너무 따뜻한 심장을 가지고 있는 거 아니에요? 근데 사람이 좋고 또 그 사람의 생각을 읽는 걸 좋아해도 사람을 만나면서 소진되는 부분이 있지 않나요?

**솔**  체력적으로는 있죠. 저랑 너무 결이 다른 사람을 만났을 때 좀 힘들다고 느끼는 때도 있지만 그 사람이 왜 그렇게 행동하는 것인지 이해해 보려고 하고요. 그 이유를 알았을 때 재미있다고 느껴요.

**썬더**  보통 그거 찾는 게 되게 힘든데.

**솔**  그냥 호기심이 조금 앞서는 것 같아요.

**주야**  근데 그건 호기심이지만 애정인 것 같아요. 인간에 대한.

**썬더**  저는 다른 사람에 대해서 별로 궁금하지가 않아요. 궁금해야 뭘 물어도 보는데 일단 모르는 사람이 얘기하면 어쩌라는 거지, 해결해 달라는 건가, 하는 생각이 들어요.

**솔**    근데 저는 사람에 관한 관심도 물론 있지만 정보
를 얻으려는 마음도 좀 있는 것 같아요. 어떻게
했을 때 좋더라, 이런 것들 있잖아요. 그냥 단순
하게 어디 카페에 갔는데 좋았다는 정보를 들으
면서 어떻게 살면 더 재밌을지 고민도 하고.

**물금**   일단 '솔'님이 기본적으로 사람 만나는 걸 좋아하
네요.

**썬더**   그러면 이야기하시는 걸 좋아해요? 그냥 듣는 것
만 좋아해요?

**솔**    전 둘 다 좋아해요. 그런 얘기가 있잖아요. 요즘
에는 말하고 싶은 사람은 많은데 들어줄 사람이
없다고. 저는 들어주는 역할을 자처하기도 해요.
듣다 보면 대화 속에 알맹이가 나오지 않을까, 금
괴가 어딘가에 있지 않을까? 하는 마음으로.

**물금**  들어준다는 게 대단한 거지.

**주야**  저는 너무 말을 많이 하면 집에 가면서 너무 내 말만 했나 라는 생각을 해요. 하지만 재밌게 들어주면 더 신나서 말하게 되는 것 같아요. 제가 회사에서 영업으로 직무 전환을 했거든요. 근데 영업하다 보면 늘 좋지는 않잖아요. 그래도 사람을 만나는 일이니까 항상 웃고 있는데 서비스직이 아닌데도 서비스하는 느낌이 들더라고요.

**썬더**  직무 전환은 자의로 하신 거예요?

**주야**  맞아요. 제가 하고 싶었던 일이에요. 저도 사람 만나는 일이 지치거든요. 근데도 해야겠다고 생각한 게 사람을 계속 만나야 변하더라고요. 생각도 변하고 기회도 얻게 되고. 『혼자 밥먹지 마라』는 책도 있어요. 관계 맺는 법에 관한 책이에요.

**물금**    밥 먹으면서 일어나는 일이 참 많아요. 한 식탁에
앉는다는 게 굉장히 의미가 있거든요. 같은 식구
고 우리는 하나의 공동체로 여기에 모였다는 뜻
이죠. 몇 년 전에 가족의 식사를 연구한 적이 있
어요. 가족마다 식사 장면이 다 달라요. 밥을 누
가 차리는지, 준비는 누가 돕는지, 무엇을 먹는지,
어떤 이야기가 오가는지. 식탁 속에 그 가족의 문
화가 다 나타나는 거예요. 식사는 그냥 '먹는 것'
이 아니라 '모인다는 것'에 더 의미가 있는 거죠.
'밥 한번 먹자'라는 말이 그냥 나온 말이 아닌 거
예요.

**주야**    근데 누구한테 밥을 먼저 먹자고 말하는 것도 용
기가 있어야 하는 거잖아요.

**어연**    맞아요. 저는 내향성이 강해서 사람 만나는 게 싫
으면서도 또 막상 만나면 좋거든요. 가끔 친구들
이 왜 날 안 불러줄까, 생각하면서도 내가 먼저

말하기에는 조금 쑥스럽고.

**물금**  저도 사람 만나는 걸 좀 안 좋아하거든요. 그래서 집에 있으면 아무것도 안 하니까 좀 심심해. 근데 또 누구한테 먼저 나오라고 말하기 싫어. 그래서 지금 일이 있는 게 참 행복하다고 생각해요. 나올 데가 있다는 것이.

## # 미래의 내 모습을 그려본다면?

**주야**  이건 다른 얘기인데 궁금한 게 있어요. 자기계발서에서 읽었는데, 우리가 보통 원하는 돈이나 명예 같은 외적인 성공 말고, 정말 내 마음속 깊숙이 원하는 것을 사진 찍듯이 이미지로 그려내면 그게 자신이 진짜 원하는 것이라 하더라고요. 저는 주변에 가족도 없고 남편도 없고 아무도 없지만 고양이 한 마리가 있고, 따뜻한 볕이 드는 통창이 있는 방에서 책 읽고 글 쓰는 모습이거든요. 예전부터 항상 그랬어요. 그래서 내가 사업가로 성공하고 싶지만 사실은 이게 진정으로 내가 원하는 삶의 모습이라는 생각이 들더라고요. 그래서 각자의 이미지를 한번 들어보고 싶어요.

**썬더** 저는 딱 바로 생각나요. 구글에 '할머니'를 검색하면 많이 나오는 외국 할머니들의 모습이 있잖아요. 평화롭게 자기 집을 꾸미고 싶은 대로 꾸미고 노년이 보장돼 있을 만큼의 안정과 아파도 스스로 적당히 케어할 수 있는 돈. 그냥 건강한 할머니의 모습이 떠올라요.

**솔** 저는 사람들 속에 있는 제 모습을 생각했어요. 왁자지껄하고 한 5~6명 정도 되는 사람들끼리 얘기하면서 웃는 모습.

**물금** 일전에 '인생정원'이라는 다큐시리즈를 봤는데

호숫가에 집을 짓고 큰 정원을 가꾸고 있는 노부부가 나왔어요. 그 큰 정원에서 수많은 들꽃들을 가꾸는데 너무 멋진 거예요. 그 모습을 보면서 나도 저렇게 살고 싶어서 막 눈물이 났어요.

**어연**  저는 완전히 고독한 건 싫고 도심지에 있는 고층의 아파트 베란다에서 차 마시면서 사람들 구경하고 싶어요. 제가 예전에 독서 모임 할 때 부자 언니가 있었어요. 20년 전에 교육 사업을 하면서 한 달에 2천만 원에서 3천만 원씩 벌었대요. 아침 저녁으로 일했지만, 가르치는 게 너무 좋았대요. 주말에는 또 대학 특강 나가면서 계속 일을 했대요. 그 언니가 사는 곳이 제가 원하는 모습과 가까워요. 호텔 같은 아파트.

# 현재를 산다는 것

**솔**　이제 시간이 다 돼서 얘기를 정리해볼까요. 다들 관심사는 비슷한 것 같은데 미래를 생각하면서 현재를 견디는 것 같기도 해요.

**물금**　맞아요. 이제는 미래가 너무 기니까.

**썬더**　사실 제가 이 주제를 썼었거든요. 저는 할 것 없으면 그냥 집에서 이틀이고 사흘이고 계속 게임만 하니까 어느 순간 허망한 거예요. 남들도 이 나이에 이렇게 사는 건가 싶고. 왜냐하면 10대 때는 집에서 계속 잔소리하니까 잘못됐다고 생각하고 집 밖을 나가거나 하는데 지금은 아니니까요. 그래서 할 일 없으면 집에서 매일 웹툰 보거나 아니면 게임을 하는 것밖에 없어서 다른 사람들은 어떻게 사나 궁금했어요.

**물금** 우리가 다들 외향적인 성격은 아니어서 혼자서 하는 일을 좋아하네요.

**주야** 최근에 상사가 저보고 사는 게 재미있냐고 물어 본 적이 있어요. 본인이 삶이 재미가 없었던 거죠. 저는 좀 있어 보이게 말하고 싶었거든요. 근데 제 입에서 "재미없어요. 그냥 살아요."라는 말이 나온 거예요. 저는 평소에 그렇게 생각 안 하거든요. 근데 그게 제 진심이었나 봐요. 좀 변한 것도 있는 것 같아요. 옛날에는 막 행복하고 즐거운 게 전부라고 생각했는데 이제는 이런저런 일을 겪으면서 안 좋은 일도 안 좋은 대로 경험하면서 나름의 의미가 있고.

**썬더** 저는 예전부터 '태어났으니까 살지.'라는 생각으로 살아요. 어떻게 늘 재미있을 수가 있나요.

**물금** 맞아. 늘 재밌어야 한다는 것 때문에 괴롭거든요.

**주야**  '왜 행복하지 않을까?' 이러면 진짜 괴롭잖아요. 근데 매일 행복한 사람이 있긴 있더라고요. 고통스러운 일도 흘려보낼 줄 알고. 저는 그게 천성이라고 봐요.

**어연**  저는 합리화하고 있어요. 저는 LH 행복주택 살고 있는데 제일 작은 평수여서 옵션이 없어요. 에어컨이 집에 없어서 회사 갈 때마다 행복하다고 생각해요.

**물금**  그럼 또다시 '솔'이 마무리를 해주시죠.

**솔**  어떤 방식으로 재미있게 살고 계시는지 궁금했고 다들 재미없다고 말하지만 각자의 방식대로 재미있게 살고 계신다고 생각했어요.

**어연**  저는 어색하지 않게 재미있게 얘기한 것 같아서 너무 좋았습니다.

**주야**  최근에 제일 많이 웃은 날인 것 같아요.

**썬더**  저도 최근에 제일 말을 많이 한 날인 것 같아요. 지루하지 않게 사는 방법은 많이 못 들은 것 같은 데 사람 사는 게 다 비슷비슷하구나. 엄청나게 특별하게 사는 사람도 없는 것 같다는 생각도 해봤어요.

**물금**  재밌었습니다. 우리가 아주 다르지 않구나. 서로 연령대가 다르고, 하는 일이 다르지만, 재미를 느끼는 방법은 좀 비슷하다. 같이 공감하고 같이 웃을 수 있다는 생각이 듭니다. 감사합니다.

# 일과 나

그 일을 계속하는 게 괜찮으세요?

괜찮고 자시고 그냥 해야죠.
이게 안 괜찮다고 안 하고 살 수는 없는 거잖아요.
사람이 살다 보면 하기 싫은 일도 해야 할 때가 있는 거고
그런 거니까.

페미가 페미에게

전 세대를 아우를 수 있는 대화 주제가 있다면 '일'이 아닐까. 또, 모두가 다른 태도를 가진 것도 '일'일 것이다. 이 날은 '일'을 '사랑하는 일'과 '수익을 내는 일'로 구분하였다. 마치 꿈과 현실을 구분하듯이 말이다. 그들의 일상이 궁금했다. 어떤 마음과 태도로 일을 대하고 있는지 배우고 싶었다. 유연하지 않은 현실에도 희망을 품고 앞으로 나아가고 있는 것을 느꼈다. 우리 모두 아주 오랜 시간 일할 것이다. 그 시간을 버티는 것이 아니라 순간을 잘 흘려보내며 성장하길 바란다.

**주야** 오늘은 주제가 일입니다. '일과 나'라는 주제를 잡았고요. 일단 그려보면서 얘기하면 좋을 것 같아서 종이를 드렸고 간단하게 일에 관해서 얘기를 해볼 거예요. 첫 번째, 내가 사랑하는 일과 나를 먹여 살리는 일, 그러니까 수익을 내는 일과 진짜 내가 하고 싶은 일이 다를 수 있잖아요. 보통 다르더라고요. 같으면 그 얘기를 해 주셔도 좋아요.

**주야** 저 먼저 하겠습니다. 저는 일단 하고 싶은 일과 하는 일이 나뉘어 있고요. 사랑하는 일을 반으로 나눠서 기획 25%, 글쓰기 25%. 늘 스스로에게 무엇을 하면서 살고 싶은지 물어보면 가장 먼저 나오는 게 글쓰기인 것 같아요. 기획 일은 대단하지 않더라도 처음 시작하는 일이면 재밌어요. 그리고 돈을 벌고 저를 먹여 살리는 일은 직장이 전부입니다. 성과, 수익, 승진 이게 요새 저의 키워드예요. 저는 그동안 행정, 회계 쪽 일을 해서 성과를 내는 일과 전혀 상관이 없었어요. 올해 영업으로 직무 전환을 했는데 영업은 곧 성과이고 회사에 돈을 벌어다 줘야 하는 역할이니까 원동력이 되더라고요. 하지만 두려움도 항상 내재해 있어요. 또 아침에 눈 뜨기 싫은 마음은 성과와 상관없이 매일 들어요.

그런데 제 친구는 "그냥 해라. 일이니까 그냥 하는 거다."라고 하더라고요. 그 말이 철학적으로 들렸고 그래서 저도 그 태도를 마음에 심기로 했어요. 그냥 하자. 일이니까.

**물금** '그냥 하자.'라는 말이 불교에서도 심신을 닦고 수행할 때 적용돼요. 우리 인간이 이렇게 번뇌에 시달리고 힘든 게 모든 일에 의미를 부여하려고 해서 그렇다고.

# # 일을 사랑한다는 것

**썬더**  저는 사랑하는 일까지는 아니고. 사람을 만나지 않는 일을 선호하는 것 같아요. 업무에 대해 간단한 소통만 하는 일, 규칙적이고 변수가 별로 없는 일을 좀 선호하는 편인 것 같아요. 해야 할 것이 딱 정해져 있고 계획에 따라서 맞춰가고, 어떤 계획이 나와 있어서 그걸 그대로 실행하면 되는 그런 일을 선호해요. 그런데 어쩌다 보니까 지금 반대가 돼서 현실적으로는 사람들과 소통도 해야 하고 굉장히 변수도 많고 일정도 너무 들쭉날쭉하고. 그리고 새로운 것을 만들어 내야 하는 게 조금 힘든 것 같아요.

**주야**  그 일을 계속하는 게 괜찮으세요?

**썬더**  괜찮고 자시고 그냥 해야죠. 이게 안 괜찮다고 안하고 살 수는 없는 거잖아요. 사람이 살다 보면 하기 싫은 일도 해야 할 때가 있으니까.

**물금**  그래도 '썬더'님이 그 일을 할 수 있는 이유는 내용과 목적이 자신하고 맞기 때문인 것 같아요.

**주야**  사실 힘들면 그만둘 수도 있잖아요.

**썬더**  회사 다닐 때는 그런 적이 있었어요. 물론 짜증나죠. 근데 사람이 편한 환경에 계속 노출이 되면 안주하게 되더라고요. 그래 이 정도면 됐지, 이 정도면 편하지. 다시 또 다른 데 가서 새로운 사람을 사귀고 새로운 환경에 놓이는 게 싫으니까.

**어연**  저는 내가 사랑하는 일은 숫자로 안 적고 그냥 덩어리로 적었어요. 저는 제가 독립을 하면 막 살 줄 알았거든요. 생각보다 제가 루틴을 좀 좋아하는 사람이더라고요.

**주야**  '어연'님은 독립 전에 루틴 있는 생활이 잘 맞는 걸 모르셨어요?

**어연**  아빠가 선원이거든요. 조리장이에요. 아침에 새벽같이 일어나서 음식 재료 준비하는 아빠의 루틴이 있어요. 저는 주말이니까 더 자고 싶었는데 한집에 살다 보니 아빠의 루틴에 맞추게 됐었거든요. 그래서 독립을 하게 되면 최소한 아침 10시까지는 자면서 방탕하게 살고 싶었어요. 그런데 막상 독립해 보니 아침 8시, 9시에 일어나서 씻고, 휴무 날에도 일찍 일어나서 아침 먹고 집안일을 하게 되더라고요. 그러다 블로그 체험단 후기 글 쓰고 낮잠 좀 자면 또 대학원 갈 시간인 거예요. 저의 루틴인 거죠. 쉬는 날이 없는데 그래도 괜찮은 것 같아요.

**주야**  블로그 활동은 수익과 관련이 있나요?

**어연** 이전 10년 동안 블로그를 했을 때는 수익 신청을 안 했어요. 그냥 내 취미니까 가끔 블로그 체험단 되면 가는 정도였는데 이제 30대가 되고 혼자 살면서 수익 신청을 했어요. 제가 예전에는 해외여행이나 해외 출장 가는 이야기를 올려서 사람들이 많이 찾아왔었어요. 지금은 일상 글이랑 맛집 글 위주여서 한 달에 1만 원 정도 수익이 나요. 네이버 페이로 포인트로 들어와서 쇼핑하고 그래요.

**주야** '어연'님은 사랑하는 일로 수익도 내시는군요.

## # 사랑하는 일과 현실적인 일의 갈림길에서

**물금** 저는 돈을 기준으로 말해보자면 나를 먹여 살리는 일은 학교 강의에서 얻고 있고 그 다음은 연구비 받는 것. 여성단체 활동도 좋아하지만 지금은 너무 오랫동안 해서 힘든 상태예요. 근데 단체 활동 중에서도 처음 시작하는 기획을 좋아하거든요. 그리고 문화적인 콘텐츠 같은 것들도 좋아해서 수익을 창출할 방법을 항상 고민하는데 잘 없더라고요. 지금 하는 일을 더 오래 할 수 있을까, 그 뒤에는 뭘 할까, 하는 고민이 있습니다.

**주야**  '물금'님은 사랑하는 일과 수익을 내는 일이 겹치는 부분이 있네요. 저는 나눠진 삶을 살아서 사랑하는 일이 일이 되면 괴로울 것 같아서 궁금해요.

**물금**  그렇죠. 저도 공부할 때 정말 괴로웠는데 또 공부하는 즐거움이 있었거든요. 그리고 처음 강의 시작할 때도 참 좋았는데 시간이 흐르니까 달라져요. 좋아하는 일도 수익과 연결되다 보면 스트레스가 될 수도 있어요. 여성단체 활동은 의미있어요. 만약에 강의하는 만큼의 수익을 내가 받을 수 있다면 여기에 전념해도 될 정도로 할 일이 많을 것 같은데 현실적으로는 병행할 수밖에 없어요.

**솔**　제가 하는 일은 세 가지 정도로 분류가 되는 것 같아요. 제가 사랑하지만 수익성이 없는 일은 페미니즘 활동을 하면서 방청 연대에 가고 페미니스트 여성 모임에 나가는 것. 그리고 제가 사랑하고 또 수익이 있는 일은 타로예요. 제 시간의 절반 정도는 유튜브에 쓰고 있고 또 절반은 상담이나 홍보하는 데 쓰고 있어요. 유튜브 촬영을 하고 편집하고 채널 관리하고 댓글 달리면 답글 달고. 그리고 제가 또 부업으로 카페 아르바이트를 하고 있어요.

**주야**　페미니즘 활동은 수익은 안 나지만 사랑하는 일이라고 했잖아요. 사실 페미니즘이라는 것은 '솔'님의 정체성이나 신념이랑 맞닿아 있잖아요. 그 활동은 '일'에 가까운 것인지, 아니면 '사랑'하는데 초점을 맞추신 건지 궁금해요.

**솔**  제 성향상 일이라는 것은 나를 발전시키고 변화시키는 활동이라고 생각해서 넓은 의미로 일이라고 생각해요.

**그린**  저는 일단 사랑하는 일은 매일 블로그에 일상 글을 쓰고 있어요. 관심받는 걸 좋아해서 유튜브 영상도 업로드하고 있어요. 또 읽는 속도가 느리긴 하지만 읽고 싶은 책도 자주 봐요. 요즘은 심리학 책을 보고 있어요. 그리고 감정 일기라고 고민이 있을 때 밤에 가사 없는 노래나 클래식을 틀어놓고 일기장에 주저리주저리 이랬다저랬다 나는 왜 그렇게 생각했을까 하면서 쓰고 나면 좋아요.

**주야**  근데 유튜브처럼 얼굴이 드러나는 일은 굉장히 외향적인 일인 것 같은데, 책 읽기나 일기 쓰기 같은 일들은 내면에 집중하는 일이잖아요.

그린 　내향적인 부분도 있지만 제 외향적인 면을 유튜브나 블로그라는 도구로 표출하는 것 같아요. 나를 먹여 살리는 일은, 현재는 일을 하고 있지 않고 부모님 용돈을 받아서 살고 있어요. 취업을 게임 그래픽 캐릭터 디자인 쪽으로 생각하고 있어서 포트폴리오 준비를 하고 있어요.

## # 다양한 세대의 꿈과 현실

주야 　좋습니다. 이제 두 번째로 나의 미래에 최고의 순간을 상상해 봅시다. 내 미래를 한번 생각해 보자는 거죠. 내가 사랑하는 일로든 먹여 살리는 일로든.

물금 　저는 더 이상 최고의 순간이 있을까 그런 생각이 들어요. 있다면 안정적인 삶?

**솔**　일단 안정적인 삶이라고 하면 건물을 건축해서 소득을 얻는 거죠. 근데 자아실현적인 측면에서 따져본다면 제가 타로를 평생 직업이라고 생각하지 않고 20대에 할 수 있는 도전이라고 생각하거든요. 타로를 하면서 인생을 배우고 내가 어떤 사람인지, 나라면 그 상황에서 어떻게 했을지 생각을 해보게 돼요. 타로가 제 적성에 잘 맞는 이유가 남들에게 관심이 많고 또 남에게 도움을 주는 걸 좋아해요. 그래서 다시 학교로 돌아가서 상담사가 되는 모습도 생각해요. 아직은 최고의 순간이 어떨지 모르겠지만 나를 깨닫고 실현했을 것 같아요.

**물금**　저는 무엇으로 벌지는 모르겠으나 돈을 벌었다고 가정하면, 재단을 만들어서 이사장직을 맡고 여성들의 교육 활동을 지원하고 일자리도 창출하고. 그러면 제일 좋겠죠.

**어연**  저는 고민이 돼요. 예전에 예술 쪽 전공을 해서 전시장이나 공연장 쪽에서 일을 했어요. 너무 힘들지만 정말 사랑하는 일이었는데 코로나 때문에 전시나 공연들이 조기 종료되면서 지금은 평범한 사무직으로 일하고 있어요. 마음 한편으로는 다시 전시장에서 일하고 싶다고 생각해요. 제가 원래 MBA를 간 것도 예술경영대학원에 가고 싶었는데 등록금이 너무 비싼 거예요. 그래서 MBA를 가서 졸업 논문을 예술 쪽을 융합시켜서 쓰면 괜찮지 않을까 싶었던 제 나름의 전략이 있었거든요. 근데 지금 회사에서 안정적인 일을 하고 있어서 그냥 이대로 살아도 괜찮지 않나 싶기도 하고. 그런 마음이 반반이에요.

**썬더**  저는 이제 무슨 일을 할지 모르기 때문에 직업으로서 특정할 수는 없을 것 같고 어떤 소속감이 있는 집단에 들어가는 게 중요한 것 같아요. 소속감이 없으니까 저는 좀 불안하더라고요. 학교를 졸업하면 잠깐 소속이 없는 시기가 있잖아요. 학교를 졸업하지 않으면 아직 학생 신분이니까 그렇게 큰 불안함은 없었는데 퇴사하고 학교도, 회사도 안 다니니까 아무런 소속감이 없는 게 불안하더라고요. 그래서 그런 소속감을 느낄 수 있는 곳에서 매일매일 규칙적인 일을 하고 평범한 일상이 있었으면 좋겠어요.

**주야** 근데 소속감이 있다면 책임이라는 게 반드시 따라오잖아요. 그건 괜찮나요?

**썬더** 어쩔 수 없죠. 책임이 없는 일은 없잖아요. 나 혼자 일을 해도 책임은 져야하고 소속이 있으면 사장이 지는 것이고. 성인이라면 책임은 다 져야 하지 않을까 싶어요.

**주야** 저는 최고의 순간을 항상 두 가지를 생각했어요. 예전에는 작가의 꿈을 이뤄서 작가 상을 받고 사람들에게 축하받는 장면을 꿈꿨다면 지금은 성공한 사업가의 꿈이 추가됐어요. 그런데 제가 바란 건 사장 그 자체가 아니라 돈을 많이 벌어서 여성 노숙인과 미혼모를 지원하고 싶었거든요. 근데 회사에 다니다 보니까 그저 돈 많이 버는 사장의 모습을 그리게 된 거예요. 하지만 여성 노숙인들을 보면서 너무 힘들어 보이고 어떤 삶을 사는지 보기만 해도 알 것 같으니까 내 꿈에 대해서 다시 생각해 봤어요. 사실 내 꿈은 그냥 사장이 아니었다는 것을 깨닫고 있어요.

**그린** 저는 지금은 취업을 목표로 하고 있지만 나중에 제가 어느 정도 포트폴리오가 쌓이면 프리랜서로 혼자 시간을 보내고 싶어요. 내가 디자인한 물건들을 사람들이 진심으로 좋아해 주고 소소하게 판매하면 좋을 것 같아요. 또 예전에 멘토 활동을 했었어요. 저는 누군가를 가르쳐주는 게 잘 맞더라고요. 직업으로 특정하라고 하면 잘 모르겠지만 그런 것도 잘 맞을 것 같아요.

**주야**    잘 들었습니다. 오늘은 일에 대해서 생각하고 미래를 계획해 보는 자리였으면 해서 질문을 드려 봤어요. 그리고 무엇보다 일을 안 하고 살 수는 없으니까, 일과 나 자신을 돌아보고 싶어서 일이라는 주제로 이야기 나누어 보았습니다.

## 심층인터뷰
# "일단 살고 보자"

　'토마토'의 직업은 기자이다. 그의 인터뷰를 통해서 기자의 삶과 청년 여성의 삶을 함께 조명할 수 있었다. 기자로서의 삶이 힘들지만 누군가에게 도움이 될 수 있다고 얘기하던 그의 또렷한 눈빛이 떠오른다. 그의 마지막 말은 그저 살아내고 보자는 것이었다. 기자로서 수많은 여성 폭력 사건을 목도했을 것이다. 하지만 그저 살자고 얘기한다. 그의 말을 살아남은 모든 여성 앞에 바친다.

저는 주니어 기자이고요. 일한 지는 한 5년 좀 넘었습니다. 지금 사회부 소속에서 일하고 있어요. 기획 기사도 쓰고 일반 사건도 나가고 다양하게 하고 있습니다.

**Q : 이 직업을 선택한 계기나 원동력 중에서 하나만 얘기해 주세요.**

일단은 제가 글 쓰는 걸 좋아했고 관련 전공도 했고요. 그리고 사회에 이바지하면서 돈을 버는 방법이지 않을까?라는 고민을 하면서 기자 준비를 했고, 그사이에 정권도 바뀌고 여러 일이 있으면서 좀 더 잘하고 싶다고 생각했죠. 기자가 안될 뻔했는데, 안 됐으면 어딘가에서 또 다른 일을 하고 있었겠죠.

**Q : 기자라는 직업이 목소리를 내는 직업이잖아요. 직업적으로 목소리를 내는 것과 여성으로서 개인의 목소리를 내는 것이 차이가 있다고 느껴지시나요?**

많이 있죠. 예를 들면 제가 청년 여성으로서 제 목소리를 낼 때는 제 입장을 전적으로 반영을 해서 내면 되는데, 기사를 내기 위해서는 이제 대중성도 일부 있어야 하고 실제 확인된 사실도 있어야 하고. 기사의 요건을 갖춘 사안을 만들어 아젠다를 만들어야 하니까 완전히 달라지는 거죠. 예를 들어서 저한테는 당장 집 가는 골목길이 무서운 정도지만 어떤 사람한테는 골목길 그 자체를 넘어서 더 큰 범죄 우려가 있을 수도 있고 그것이 구체적으로 문제가 더 있을 수도 있어요. 이런 걸 심층적으로 볼 수 있어야 한다는 것이 가장 큰 차이인 것 같아요. 맥락은 같지만 기사로 담는 작업에서 결이 완전히 달라지는 거죠.

**Q : 취재하시면서 여성 문제에 관한 취재도 있었죠?**

있었죠. 부산의 경우에는 이미 몇 년 전 오거돈 시장 사건도 있었고 재판까지 쭉 진행됐죠. 그리고 노동자 이야기를 해도 그 속에 여성이 있잖아요. 어떤 사회적 사안을 다뤄도 여성이 항상 같은 결의 문제에 처해 있어요.

**Q : 그러면 직장에서 여성과 함께 일한다는 것, 혹은 여성 선배를 계속 볼 수 있다는 것이 어떤 의미가 있을까요?**

40대, 50대 여자 선배들을 보면 항상 느끼는 게 어떻게 버티셨을까? 하는 생각이 있어요. 왜냐하면 선배들이 입사했을 당시에는 얘기하다가 책상을 발로 차고 나가고 이랬다는 거예요. 그러니까 그 시절을 버틴 그들만의 역사가 있어서 여기까지 왔고 덕분에 저희가 입사를 계속할 수 있는 거잖아요. 선배들하고 그런 얘기를 종종 할 때가 있죠. 재밌는 옛날 얘기처럼 들리지만 살아온 굴곡이죠. 계셔서 참 다행이에요. 만약에 여자 선배들이 꺾여서 없어져 버렸으면 제가 입사해도 문제이고 혹은 아예 오지 못했을 수도 있죠. 그렇게 생각하면 나보다 앞선 존재가 있어서 다행이라는 게 일차적으로 제일 큰 것 같아요.

**Q : 혹시 직장 내에서 페미니즘 얘기를 하실 수 있는 동료나 선후배가 있나요?**

저희는 그래도 그나마 많이 있어요. 왜냐면 사회적 문제라고 지적할 수 있는 모든 주제에 관해서 얘기할 수 있어요. 적극적으로 얘기하지는 않지만, 건강한 토론이 가능한 수준 정도는 되는 것 같아요. 대놓고 무시하거나 차별하는 분위기는 절대 아닌 것 같고요. 외모 지적을 되도록 안 한다던가 아니면 뭐 몸무게 얘기를 안 한다던가 그런 것 있잖아요. 지적했을 때도 제가 목소리 낼 수 있는 정도는 되는 것 같아요.

**Q : 여성 선배들의 영향력도 있다고 생각하세요?**

무조건. 왜냐하면 단순하게 여성 보건 휴가를 보더라도 여자 선배가 부장이나 국장이면 신청하는 게 편하고 얘기를 했을 때도 이해를 잘 해주시거든요. 이게 같이 일하는 사람들이 남자가 많으면 제가 그날 배가 아파도 얘기를 못 해요. 얘기를 아예 못 하는 분위기가 되면 그냥 참아야 하잖아요. 근데 그걸 아는 사람이 옆에 있으면 얘기를 할 수 있으니까 그 차이가 진짜 크죠.

**Q : 그 얘기를 할 수 있다는 게 같은 성별에서 오는 본능적인 이해와 공감이라고 봐야 할까요?**

그러니까 최소한의 마지노선을 공유하고 있는 거죠. 이 사람의 마지막 존엄이니까. 예를 들어서 갑자기 생리하면 술자리 못 올 수도 있는 거잖아요. 여자 선배들한테 좀 더 말하기가 쉽죠. 남자 선배들한테 말해본 적이 없는 것 같네요.

**Q : 여성 동료들과 기억나는 에피소드 이런 게 있을까요?**

대단한 에피소드는 아닌데 그냥 아무리 어려운 선배라도 급하면 생리대를 빌려달라는 말 하는 것. 그런 건 진짜 아무렇지 않게 할 수 있는 느낌이에요. 남자들도 그런 거 있겠죠. 모르겠지만.

**Q : 청년 여성들 사이에서는 비혼이 추세로 떠오르는데 직장에서 결혼이나 출산에 관해서 얘기 들은 적 있으세요?**

제 주위에도 굉장히 강경하게 비혼이었던 사람도 있었고요. 그냥 살다 보면 결혼하겠지, 하는 사람도 있었고 스펙트럼이 다양하거든요. 코로나를 지나면서 사람들의 생각도 많이 바뀐 것 같아요. 요즘 언론에서 결혼 안 하는 분위기라고 많이 얘기하고 남자들도 많이 바뀌어서 비혼주의자가 늘어나고 있긴 해요. 또 의외로 코로나 시기를 겪으면서 나 혼자 살기는 힘들 것 같다는 사람도 좀 생겼고 변화가 있어요. 하지만 전반적 흐름은 비혼 위주로 가는 것 같아요. 비혼이라고 주장했던 사람들이 많지 않았다가 요즘은 대세처럼 되니까 아무렇지 않게 이야기하는 수준까지 온 것 같네요.

**Q : 기자라는 직업이 노동 강도가 센 것 같은데 결혼과 양립할 수 있다고 생각하시는지 궁금해요.**

놀랍게도 선배들이 다 결혼하셨거든요. 심지어 아기를 많이 낳은 선배들도 있어요. 대체로 육아를 남편과 아내가 최대한 함께 노력하는 분위기를 가지고 가시더라고요. 근데 일단 여자 선배들이 힘들어요. 하기는 하는데 매우 힘들어 보여요.

근데 하시는 거죠.

**Q : 기자님은 어떠세요? 그런 선배들을 봤을 때 그 선배도 하니 나도 할 수 있을 것 같지 않으세요?**

저는 원래 굉장히 강경한 비혼주의자였어요. 아까 코로나 얘기도 저랑 비슷하게 맞닿은 점이 있는 게 제가 혼자 자취한 지 오래되니까 친구들과의 연대만으로도 해결이 안 되는 뭔가가 있어요. 살 붙이고 있는 사람이 필요하다는 생각도 들고요. 주변 선배들을 보면 정말 안 해야 될 것 같은데도 조금씩 생각이 바뀌어요. 결혼제도를 반대하지만 사람 사는 게 내 마음대로 안 될 때가 있다는 걸 조금씩 받아들이고 있어요. 제 몸이 제 마음대로 안 될 때가 있는 것처럼.

하지만 아이를 낳았을 때 이 업무 강도, 이 상황에서 좋은 부모가 되기는 어렵겠다고 생각해요. 그런데도 선배들은 많이 낳으시거든요. 저보다 더 강경했던 선배들도 결혼하고 애 낳고 해요. 저는 현재까지는 아직 별 생각이 없지만요. 술자리가 잦고 재난 상황일 때 항상 밖에 나가 있는 직업이 가정에는 도움이 안 될 수도 있겠다는 생각은 합니다.

**Q : 왜 술자리가 잦은 거예요?**

간담회도 많고요. 그리고 취재원 만나서 얘기를 할 때 일과 시간에는 못 만나서 마치고 또 만날 때도 있고요. 그러다 보면 이제 술자리가 잦아지죠. 심할 때는 새벽 5시까지 술을 마시고 아침 7시 반에 보고한 적이 있어요. 그냥 집에 들어가서 씻고 나와서 경찰서에서 보고하고. 어떻게 했는지 모르겠어요. 그러다보면 나 이거 지금 살아있는 건가, 이런 생각을 하는 거예요.

**Q : 그러면 일하면서 기뻤던, 혹은 슬펐던 순간을 하나씩 꼽자면 뭐가 있을까요?**

일로 기뻤던 건 잘 모르겠고요. 인상적으로 와닿았던 건 있어요. 기쁨과 슬픔이 통합된 것 같은데 가족이 산재 피해자였던 분을 취재한 적이 있어요. 계속 재판도 못 넘어가니까 엄청나게 고생하시고. 그래도 계속 기사가 나가고 추가 보도, 후속 보도 하다가 딱 재판으로 넘어갔거든요. 그때 전화로 한 30분을 우시더라고요. "기자님 감사합니다." 하면서 계속 우시는데 제가 감사하고 죄송한 일인데 싶었어요. 그때 잘했다는 생각이 들었어요. 왜냐하면 내가 적어도 어떤 사람에게 앞으로 이런 일이 발생하지 않도록 목소리를 낼 수 있다는 것에 대해서 감사했던 기억이 있어요.

그런 한두 가지 좋은 기억 때문에 기자 생활을 계속 유지하는 것 같아요. 내가 어쩌면 누군가에게 도움이 될 수도 있다는 것. 그것 말고는 잘못하면 항상 누군가를 찔러대니까 말로 죄를 짓는 직업 같아서 마냥 좋다고는 못하겠어요. 그렇게 한 번씩 내가 진짜 누군가한테 도움이 될지도 모른다는 그 효능감 때문에 버티는 거 아닐지 싶어요.

**Q : 사회적 이바지를 할 수 있지 않을까 하는 기대감이 지금까지 쭉 이어져 왔고 성과로도 냈고 실제로도 누군가를 도왔잖아요. 그럼, 기자라는 직업을 뒤에 따라오는 여성 후배에게 추천해 주고 싶으세요?**

저한테도 이때까지 여자 후배들이 기자하고 싶다고 많이 물어봤었는데 하지 말라고 했어요.

**Q : 이유는요?**

여자여서가 아니라 이 직업 자체가 너무 힘들어요. 기자하기 전에 가지고 있던 그 꿈이랑 현실은 조금 다르잖아요. 내가 하려는 것을 펼치기 위해서는 기본 소양을 갖춰야 하고 그걸 위해서는 엄청나게 굴러야 하는데 그러면서 퇴색되는 경우도 많고요. 그리고 내 몸이 상할 때도 많아요. 굳이 기자가 아니어도 여러 가지 방법이 많다는 얘기는 하죠.

한 날은 기자가 된 후배가 그랬어요. "언제 끝나요?" 이러길래 제가 끝나는 게 아니라 익숙해지는 거라고, 힘든 것에 익숙해지는 것뿐이라고 얘기해 준 적이 있어요. 그냥 힘드니까 서로 얘기하고 그러면서 버티는 거죠.

**Q : '여성단체'라는 존재 혹은 여성들만 모이는 자리가 다른 여성들을 끌어당길 수 있을까요?**

조직 생활에 익숙하지 않거나 단체 생활을 별로 안 좋아하는 사람도 많잖아요. 특히 페미니즘이라는 신념을 갖고 공부하는 분들 중에서 주장이 강한 분들도 꽤 있으니까 조화롭게 어우러지기 절대 쉽지 않다고 생각하거든요. 예를 들어서 같은 페미니스트라도 환경에 대한 가치관은 완전히 달라서 얘기하다가 갈등이 있을 수 있단 말이죠. 그래서 약하지만 넓은 고리부터 만들어야 할 것 같아요. 그 구심점을 여성단체가 만들 수 있을 것 같아요.

여기 왔을 때도 얕게나마 사람들의 얘기를 듣고 내 얘기도 할 수 있는 자리가 너무 오랜만이라는 생각이 들더라고요. 한 여성으로 내가 어쩌다 왔지만 이곳에서 소리를 낼 수 있는 것만으로도 누군가에게는 위로가 될 수 있고요. 대중적으로 함께 하는 것도 중요하지만 너무 결속력 있게 무엇인가를 해야 한다는 것이 오히려 위험하지 않겠느냐는 생각도 해요.

**Q : 젊은 세대들은 정말 위로가 필요한 세대인 것 같아요. 페미니스트라서 외로운 사람들이 너무 많아요.**

그래서 외로우니까, 고립된 것 같으니까, 연결이 되는 것 같아요. 느슨한 연대를 항상 얘기하잖아요. 페미니스트 집단이 아니더라도 2030의 핵심은 느슨한 연대인 것 같아요.

**Q : 과열되면 사람들이 피로감을 느끼면서 이탈하는 것 같아요.**

과열을 꺼리는 것 같아요. 근데 그건 사실 사람이 여유가 없어서 그렇다는 생각도 하거든요. 최대한 에너지를 쪼개서 써야 하니까 잔잔하고 얕게 계속 버티는 거죠.

**Q : '페미가 페미에게' 모임이 다양한 세대의 페미니스트들을 잇기 위한 자리였잖아요. 어떤 인상을 받으셨나요?**

사실 오기 전에 걱정을 되게 많이 했어요. 갔는데 전부 화장 안 하고 숏컷이고 나 혼자 머리 길고 막 이러면 어떡하지 싶은 거예요. 그 모임에 나오는 사람들의 사상에 내가 부합하지 않으면 어떡하지, 하면서 스스로 또 검열하고 있고. 근데 오니까 너무 편한 거예요. 약간 나사를 빼도 될 수준으로 편한 거예요. 심지어 주제도 스트레스 관리법 이런 거였잖아요.

오랜만에 이런 데를 나오니까 혼자 걱정을 엄청나게 한 거죠. 여러 가지 색깔을 가지고 있어도 연대가 된다는 부분에서 안심했어요. 저는 강박을 많이 내려놨었거든요. 예를 들면 매일 화장을 열심히 했는데 안 하고 나서부터는 화장을 안 해도 문제 되지 않는다는 것을 깨달았죠.

**Q : 두 가지 질문을 마지막으로 드릴게요. 10년 후를 그려본다면 어떨지 말씀해 주세요.**

살아있겠죠. 지구가 안 망했겠죠. 요즘은 옷 살 때마다 죄책감이 들거든요. 낡은 옷은 버리고 사긴 사야 하는데 죄책감이 들어요. 근데 옷을 최대한 덜 사려고 하면 약간 꾸질꾸질해져요. 소비하는 사람으로 사는 게 겁은 나는데 10년 후에 내가 살아있다면 그때 내 모습은 상상이 안 가요. 결혼해서 애를 낳았을 수도 있고 혹은 아무렇지 않게 혼자 살 수도 있고 혹은 자살했을 수도 있고 가늠이 좀 안 되긴 해요.

20대 때만 해도 직업을 가졌을 것이라는 이런 상상이 됐는데 지금은 혼자 독립한 상황에서 또 뭘 선택해야 할지, 뭘 더 좋아해야 할지 모르겠다는 생각이 들더라고요. 인생을 어떻게 살아야 할지는 고민해야 할 상황인 것 같아요.

**Q : 마지막 질문으로 지금까지 살아오면서 만났던 여성들 그리고 앞으로 만날 여성들에게 할 말이 있다면요?**

그냥 삽시다. 진짜 일단 삽시다. 살고 봐야 한다는 생각이 제일 많이 들어요. 워낙 요새 안 좋은 소식도 많고 험한 일도 많은데 그냥 일단 살아보고 나중에 만나서 수다를 떨자 이런 생각이 드네요.

쉽지 않은 것 같아요. 나이가 많이 들면 비혼 여성의 행복도가 올라간다고 하는데 그건 그때까지 살아내야 가능한 거고 요즘엔 더 팍팍해졌어요.

일단 살고 보자. 어쨌든 살아내고 보자.

# 스트레스 관리법

휴가 중에도 연락은 오던데요.
유심 빼고 아예 튀어야 돼.

**페미가 페미에게**

　우리가 스트레스를 받지 않고 살아가는 날이 하루라도 있을까? 여러 주제 중 '스트레스 관리법'이 하나의 주제로 채택이 된 걸 보면 우리 삶에는 꼭 고단함이 묻어나는 듯하다. 스트레스를 받는 상황을 만들지 않는 게 제일 좋지만, 살아가면서 스트레스를 받을 수밖에 없는 상황도 있기에 우리는 '스트레스 관리법'에 대해 이야기를 나눴다. 나온 이야기들은 다양했으나 이야기들에는 비슷한 점이 하나 있었다. 스트레스를 받을 때는 내 마음을 들여다보고, 내가 좋아하는 일을 해주는 것. 스트레스로부터 나를 지키는 힘은 자기 돌봄과 자기 사랑으로부터 나온다는 사실을 확인할 수 있는 시간이었다. 고되고 지친 하루에는 나에 대한 한 스푼의 너그러움과 친절함이 필요하다는 사실을 말이다.

**봄**  안녕하세요, 진행을 맡게 된 '봄'이라고 합니다.
저는 평소 감정과 관련된 것들에 관심이 많아서
스트레스 관리법 진행을 꼭 맡고 싶었는데요. 대
화를 나누기에 앞서, 스트레스와 관련된 제 개인
적인 경험을 말씀드리면서 시작하고 싶어요.
제가 한때 스트레스를 굉장히 많이 받았던 때가
있었는데요. 저는 원래 부산 사람이 아니고 타지
사람이라 코로나가 잠잠해진 이후로 부산에 다
시 오게 되었어요. 그렇게 다시 와서 처음 사회생
활도 하고, 대학원도 다니고, 자취도 하면서 여러
가지를 동시에 하려다 보니 스트레스를 정말 많
이 받았거든요. 어쩌면 제 삶에서 가장 힘들었던
순간 중 하나였다고 생각하는데, 제가 그때 위로
받았던 구절이 하나 있어요. 읽어 드릴게요.

스트레스에 도전하는 자는 스트레스를 받아들이고 나아
가 스트레스를 디딤돌 삼아 더 나은 성취를 일구어낸다.
스트레스에 대처하는 과정에서 우리는 그동안 몰랐던 자

신의 능력을 발견하고, 정신적으로 성장할 기회를 얻으며, 새로운 가능성과 삶의 방향을 확인한다. (중략)

도전하면 적응하고, 적응하면 극복한다.

— 『오전을 사는 이에게 오후도 미래다』, 이국환

이 구절을 읽고 생각했어요. 여기서 포기하지 않고 계속 도전하면 언젠가 적응할 거고, 적응하면 극복할 것이니 일단 견뎌 보자고. 이 구절을 마음에 되새기면서 버티다 보니 서서히 극복하게 되더라고요. 초반에 스트레스를 엄청나게 받던 저랑 지금의 저를 비교해 보면 엄청 많이 성장했다고 느껴요. 제가 성장을 할 수 있었던 이유는 스트레스를 제 삶의 위협으로 느낀 건 맞지만, 거기서 도망치거나 회피하지 않고 제가 결국 도전했기 때문에 이뤄낼 수 있었다고 생각해요. 저는 이 글로 정말 많은 걸 얻었기 때문에 여러분들과 짧은 제 경험을 나누고 싶었는데요. 여러분들은 어떻게 스트레스를 관리하시는지 대화를 나눠 볼까요?

# # 소소하지만 확실한 우리들의 스트레스 관리법

**물금**  저는 우리 강아지랑 산책을 하는 게 그렇게 좋아요. 너무 화가 나고 마음이 힘들어도 강아지 얼굴 보면 웃어져요.

**없다**  저는 왜 문명이 망했을까, 왜 다 죽었나 이런 거 있잖아요. 그런 책이나 영상을 찾아보다 보면 스트레스가 풀리는 것 같아요.

**어연**  저는 반신욕 하면서 음악 듣는 게 제 취미이자 스트레스 관리법이었는데 지금은 독립해서 잘 못해서 아쉬워요.

**주야**  저는 달리기요. 한 번은 너무 스트레스받을 때 집

뒤에 있는 공원을 뛴 적이 있는데, 점점 기분이 좋아지면서 나중에는 실실 웃으면서 뛰게 되더라고요. 그게 진짜 효과 좋은데 그것도 운동이라고 잘 안 나가게 되더라고요.

**솔**   저한테 가장 효과적인 방법은 직접 그 문제를 해결하기인 것 같아요. 예를 들면 어떤 고민이 있다 그러면 그 문제를 해결하기 위해 주변 친한 친구들한테 고민 상담을 요청하거든요. 저는 사람을 만나면서 에너지를 얻는 타입이라 사람들 만나서 수다 떨거나 게임하거나 하면 환기가 되면서 스트레스가 풀리는 것 같아요.

**토마토**   저는 스트레스를 너무 극단적으로 몰아서 받았다가 마감 딱 끝나면 풀리는 타입이라 평소에 긴장도가 높아요. 그래서 명상하면서 풀기도 하고, 운동 가서 생각을 못 하게 죽을 때까지 몰아붙이기도 해요. 그럼, 좀 활기가 도는 게 있더라고요.

그래서 저는 생각을 돌리는 방식으로 스트레스를 푸는 것 같아요.

**그린** 저는 조용한 곳에서 빗소리나 음악을 틀어 두고 내가 왜 힘이 드는지 마음을 돌아보는 글을 쓰면 괜찮아지더라고요. 아니면 산책해서 머리를 환기하거나.

**봄** 다들 자신만의 스트레스 관리하는 방법이 있으시네요. 저는 사람을 만나야 힘을 얻는 타입이라 저를 존중해 주고 믿을 수 있는 사람을 만나서 맛있는 것 먹고 하며 즐겁게 수다 떨면 스트레스가 풀리는 것 같아요.

## # 내려가며 머리 식히기

**토마토** 저는 프리다이빙 하는 것도 좋아해요. 물속에 들

어가면 전부 음 소거가 되거든요. 옆에 사람이 말하는 것도 잘 안 들리고 제가 가고 싶은 대로 가면 되니까 일시적으로 외부랑 차단된 효과가 있어서 엄청나게 차분해지더라고요.

**유영**　저도 프리다이빙 간 적이 있는데 그 시간이 명상과 힐링의 시간이었어요. 처음에는 익숙해져야 하다 보니 숨 고르면서 물에 둥둥 떠다니고 했는데, 가만히 떠 있는 게 제 심신을 안정시켜 줘서 좋더라고요. 또 프리다이빙이 물속 깊이 내려가야 하는 스포츠다 보니 내려갈 때 오는 압박감과 무서움을 내가 호흡을 참으면서 이겨내야 되는데, 저는 귀가 안 뚫려서 깊게 못 내려갔어요.

**봄**　귀가 안 뚫려서 깊게 못 내려갔다는 게 정확히 어떤 말일까요?

**유영**　비행기에서는 귀 막히면 침을 딱 삼키잖아요. 그런데 물밑에서는 그게 안 통하는 거예요. 왜냐하면 숨을 못 쉬니까. 그래서 귀를 열고, 닫는 연습을 물 위에서 엄청 많이 하는데 한 번으로는 안 되더라고요. 저랑 같이 갔던 친구는 완전 '귀 수저'라 내려가면 아무것도 안 해도 거기에 저항해서 뻥 뚫리는 거예요. 아무것도 안 해도 돼. 그래서 걔는 비행기 올라가서도 그렇게 침을 삼켜본 적이 없다는 거예요. 엄청 부러웠어요. 결국 저는 다 못 내려갔네요. 고막이 찢어질 것 같더라고요. 그 압력이 실제로 찢어질 정도의 압력은 아니라 버티면 되는 건데.

**어연**   저는 프리다이빙과 비슷한 번지점프를 한 적이 있어요. 그런데 번지점프 하면서 힘들었던 게 내려갈 때 바람의 압력 때문에 배가 너무 아프더라고요. 어떤 사람은 내려갈 때 짜릿하고 올라갈 때는 무중력 상태여서 너무 무섭다고 하는데, 저는 내려갈 때 배가 찢어질까 봐 아프고 위로 올라갈 때는 경치 구경할 수 있어서 좋았어요. 점프해서 내려가는 건 한순간이었는데, 가방을 찾으러 다시 올라가는 건 한참 걸렸었네요.


## # 스트레스와 음식의 상관관계

**봄**    혹시 스트레스 받으면 먹는 걸 즐기시는 분은 없으세요? 술 같은 거나, 음식이나.

**주야**    최근에 스트레스를 엄청나게 받은 상황에서 술을 먹으러 간 적이 있어요. 먹을 때는 순간적으로 스트레스를 잊게 되는데, 아침에 일어나면 숙취와 함께 안 풀린 스트레스가 막 와서 이게 건강한 방법은 아니더라고요.

**그린**    저는 옛날에 제 앞에 있는 음식이 없어질 때까지 다 먹고 그랬거든요. 근데 그게 스트레스가 잘 풀

리지도 않고 먹는 그 순간만 좋은 거 같아요. 오
히려 후회되고.

**봄**　맞아요. 저도 맛있는 걸 먹으면서 스트레스를 풀
긴 하는데, 과하지 않게 적당한 양만 먹는 게 중
요한 것 같아요. 그게 조절하기 어렵지만요. 과하
게 들어가는 순간 속은 더부룩해지면서 후회되
고 오히려 더 스트레스만 받더라고요.

**유영**　저는 보통 스트레스 받으면 누구랑 같이 먹는 게
아니라 혼자 먹어요. 그런 상황에서 술을 먹으면
스트레스 받았던 이야기를 하게 되니까 그게 싫
어서 그냥 혼자 먹는 것 같아요. 그러니까 그다음
날 내가 술에 취해서 무슨 얘기를 했는지 걱정 안
해도 돼요. 다른 사람 신경 쓸 필요 없고, 핸드폰
같은 것도 안 보고 정말 나 혼자서 시간을 보내니
까 그게 또 힐링의 시간인 것 같아요.

# # 나 홀로 일상을 벗어나 환기하기

**솔** 저는 작년에 유럽을 혼자 다녀왔는데 원래 엄마랑 같이 갔었거든요. 그런데 엄마가 중간에 다치셔서 한국으로 먼저 돌아가셨었어요. 저는 잡아둔 일정이 있으니 돌아가지 않고요. 그다음부터는 예약해 둔 2인 숙소도 혼자 다 쓰고, 5주 정도를 혼자 여행했는데 오히려 혼자 여행한 게 좋은 기억으로 남아 있어요.

**어연** 저는 워킹 홀리데이 혼자 1년 동안 다녀온 적 있어요. 그것 말고도 공연 보고 전시 보는 거 좋아해서 서울에 혼자 왔다 갔다 하고, 대구도 그냥 당일치기로 많이 다녀오고 그랬거든요. 대구 갔을 때 대구예술발전소 가서 전시 보고, 비건 식당에서 밥 먹고, 아이쇼핑도 했는데 되게 좋았어요.

**봄** 저는 예전에 휴가 때 혼자서 여행을 간 적이 있거든요. 제가 작년에 한 번은 강원도 원주로 여행을 간 적이 있어요. 부산에서 좀 멀리 벗어나고 싶어서. 거의 몇 년 만에 혼자 가는 여행이었는데 이번에는 느낌이 좀 달랐어요. 제가 첫 번째 여행 때는 외로움을 많이 탔었거든요. 첫 번째 여행은 경주로 갔었는데 관광지다 보니 저만 빼고 오붓하게 있는 게 부럽더라고요. 사람 많은 안압지를 밤에 혼자 관람하면서 주변 사람들한테 어디서 오셨냐고 말 걸고 싶을 정도로 외로웠는데, 나이를 좀 더 먹어서 가게 된 원주 여행은 오롯이 저를 돌볼 수 있는 여행이라 좋았어요. 경주랑 다르게 관광지가 아니니까 조용해서 더 편안한 것도 있었고요.

1박 2일 동안 거기서 시간을 홀로 보내면서 '나는 이제 혼자서도 괜찮구나.', '제법 단단해졌구나.'라는 사실을 몇 년이 지나서 깨달았던 것 같아요. 외롭다기보다는 자유로웠거든요. 살면서 처음으로 나에게 집중한 느낌이었어요. 그래서 원주 갔을 때는 혼자서 이것저것 해보고 싶은 것들 남 눈치 안 보고 다 해보면서 정말 좋고 편안했었어요.

**유영** 저도 운전면허 따고 처음으로 혼자 제주도 여행을 간 적이 있어요. 그때 너무 긴장되는 거예요. 차가 고장 나면 어떡하지 싶고. 저는 항상 옆에 누군가가 타고 있을 때만 운전 연습을 했었거든요. 그런데 혼자 제주도 가서 남을 신경 안 쓰고 운전하니까 생각보다 너무 좋은 거예요. 길도 부산이랑 다르게 너무 쫙쫙 뻗어 있고. 거기서 길도 한번 잃었는데 아무도 저한테 뭐라고 안 하는 거예요. '어? 그냥 잘못 들었네.' 하고 말았어요. 너무 편안했는데 조금 심심하긴 하더라고요. 예쁜 거 보고 좋은 거 보고 하니까 얘기하고 싶은데, 옆에 말할 사람이 없어서.

**없다** '봄'님도, '유영'님도 첫 여행이었죠? 혼자 가는 첫 여행은 서툴러요. 약간의 외로움도 있고. 근데 그게 두 번이 되고 세 번이 되면 점점 괜찮아져요.

**봄**  맞아요. 서툴렀고 처음이라서 더 그랬던 것 같아요. 그래서 여행 다녀온 것들을 혼자 글로 기록하며 저를 돌아보는 게 도움이 많이 되더라고요.

**주야**  저희 스트레스 안 받고 지나가는 날이 있을까요? 하루라도.

**썬더**  휴가 중에도 연락은 오던데요. 유심 빼고 아예 튀어야 돼.

# # 마지막, 우리들의 이야기

**봄**  이제 시간이 다 되어 이번 모임을 마무리하려고 하는데요. 마지막 모임이니까 우리 모임 하면서 좋았던 점이나 소감 같은 걸 얘기하는 시간 가지면 좋을 것 같아요. 그러면 진행을 맡았던 저부터 말씀드려 볼까요?

저는 사실 첫 번째 모임이랑 마지막 모임 총 두 번 참여했었는데 첫 번째 모임 때는 좀 어색하고 분위기 보면서 어떻게 얘기하시나 관찰하는 데 시간을 많이 보냈다면, 오늘은 그래도 제 얘기를 조금 더 꺼냈던 것 같아요. 특히 이번 모임은 제가 진행자니까 한 분 한 분의 얼굴을 자세히 볼 수 있어서 좋았어요. 이렇게 많은 페미니스트가 모여서 서로 존중하며 진솔하게 대화 나누는 자리는 잘 없는데, 이 모임에서 각자 살아가는 이야기 나눌 수 있어 참 좋은 시간이었어요. 각자의 자리에서 멋있게 살아가시는 페미니스트들의 얼굴이 저한테 기억에 많이 남고 힘이 될 것 같아서 마음이 따뜻해지고 뜻깊었던 시간이었습니다. 다음은 지목하면서 얘기해 볼까요? 오늘 저랑 '토마토'님이 제일 멀리 앉아 계셔서 얼굴을 많이 못 봤던 것 같아요. 그래서 얼굴을 지금 한 번 더 볼 겸 지목하겠습니다.

**토마토** 저는 오늘이 처음이자 마지막 모임이었는데 이런 자리에 좀 왔었어야 했는데 못 와서 아쉬웠어요. 그런데 마지막이라도 참석해서 다행이라고 생각하고, 오랜만에 아무 생각 없이 저의 취향이나 생각을 얘기할 수 있어서 좋았어요. 이런 대화가 언제가 마지막이었지 하면 정말 생각이 안 나요. 저한테는 너무 감사한 자리여서 또 이런 모임에 참여할 수 있으면 좋겠어요. 저는 오늘 제일 마지막에 도착하신 '주야'님 지목하겠습니다.

**주야** 저는 다 모르는 분들인데도 불구하고 이런 자리가 있어서 정말 가까운 사람과도 잘 나눌 수 없는 얘기들을 나눌 수 있어서 제일 좋았어요. 그리고 목요일, 금요일마다 여기 와야지 하는 생각으로 나름의 활력소가 될 수 있었던 것 같아요. 저는 '유영'님!

**유영**  저는 호스트의 역할을 계속하다가 이렇게 참여자로서 편안하게 하고 싶은 얘기를 하고 또 듣고 하는 이 시간이 편하다고 느껴져서 좋았어요. 사실 제가 원래 다른 사람들 만나는 거 엄청나게 좋아하고 이런 자리는 무조건 빠지지 않고 참석하는 '프로참석러'였는데 어느 순간 사람들을 만나는 게 싫은 거예요. 친구랑도 굳이 별로 안 만나고 싶고. 그냥 나의 모든 걸 아는 사람이랑만 있고 싶고 뭔가 그런 시기가 있었어요. 사람들한테 상처도 받고 하면서 지내다 보니.

그러다 시간이 지나서 이제 다시 용기 내서 이런 자리에 가봐야겠다고 생각하고 신청했는데, 소소하지만 단톡방에 이야기도 올라오고 확인받고 하는 게 오랜만에 느끼는 기분이라 좋았어요. 그래도 이렇게 참석할 수 있게 돼서 진짜 다행이라는 생각이 듭니다. 저는 '그린'님!

**그린** 저는 항상 이런 자리가 끝나고 나면 여운이 남는 것 같아서 그게 되게 좋았어요. 저를 돌아볼 수 있는 계기가 되고, 많은 분을 통해 다양한 생각을 할 수 있다는 것 자체가 너무 좋아요. 보통은 어느 정도 친해진 상태로 이런 얘기를 나누는데 여기서는 처음 보는데도 제 삶과 관련된 이야기를 할 수 있어서 되게 즐거웠어요. 저는 '물금'님이요.

**물금** 모임 내내 너무 편하고 좋았어요. 여러분과 똑같은 입장에서 일상과 관련된 소소한 이야기들을 나누니까 저만의 소확행(소소하지만 확실한 행복)이었던 것 같아요. 이 모임이 잘돼서 쭉 이어졌으면 하는 마음이 있긴 하지만 모임 자체에서 얻는 위안이 있어요. 이 위태로운 청춘들을 보고 있으면 어떻게 잘 보듬어서 행복하게 만들 수 있을까 생각도 하게 되는 참 고마운 모임이었습니다. 다음은 우리 '어연'님 지목하겠습니다!

**어연** 제가 회사 일로 참석 못 했던 날도 있었는데, 이렇게 휴무 날이 생겨 마지막은 오게 돼서 너무 좋았어요. 회사나 대학원에서는 이런 말들을 하기가 어려운데 이 기회에 함께 맛있는 거 먹고 서로 일상적인 것들, 관심 있는 것들로 이야기 나누면서 너무 좋은 시간이었습니다. 저는 '썬더'님.

**썬더** 저도 이런 종류의 모임 중 제일 편안하지 않았나 생각했어요. 다들 하시는 일들이 있고, 바쁘신 중에도 금요일 황금 시간대에 오는 게 숙제같이 느끼시는 분들이 있을지도 모르겠지만 그래도 다들 여기서 자유롭게 얘기를 많이 해 주셔서 감사했어요. 어떻게 보면 친구나 가족이랑도 이런 주제로 얘기는 잘 하지 않게 되는데 여러분들 이야기 들으면서 '사람들 사는 거 비슷비슷하다.'라고 생각했어요. 여기 오신 분들에게도 이 모임이 좋은 기억으로 남으면 좋겠습니다. 저는 '솔'님.

**솔** 저는 저번 주 빼고 다 참석했는데요. 저는 이런 주제에 관해 이야기하는 걸 되게 좋아하는데, 거의 초면에 가까운 분들한테서 들을 수 있어서 이게 제일 좋았고요. 그리고 저희와 다른 선배님들도 참여해 주셨는데 '생각이 그렇게 많이 다르지 않구나.'라는 것을 느꼈고, 격의 없는 편안한 대화를 할 수 있었던 것 같아서 좋았습니다.

**없다** 어라, 제가 마지막이네요. 피날레. 저는 지목을 못 받았어요! 이걸 받았어야 했는데!
제가 오늘 두 번째거든요. 요 앞에 한 번 왔어요. 한 번 왔는데 이제 뭐 무슨 모임인지 모르고 그냥 선배 페미니스트가 후배 페미니스트들하고 같이 모여서 담소를 나눈다고 하길래 제가 참석을 할 수 있나 하다가 시간이 나서 와 봤어요. 그런데 제가 이런 모임에 사실 안 다녀봐서 무슨 말을 해야 할지 잘 몰라요.

저도 애가 있는데 제 애가 여러분들 나이하고 비슷해요. 그래서 우리 애 말고 다른 애들은 요즘 어떻게 생각하나 궁금하기도 하고, 사회에서 만나는 친구들은 저보다 나이가 어리니까 이 친구들은 또 어떤 마음으로 살아가는지 궁금해서 왔는데 별반 다르지 않다고 생각했어요. '큰 차이는 없구나.' 했지만 시대가 많이 바뀌어서 여러분들은 훨씬 고달픈 삶을 살고 있다고 생각하게 됐고, 모두 편하게 말씀하시는 거 보니까 다들 마음이 열려있는 분들이신 것 같다는 생각을 했어요. 편하게 얘기할 수 있어서 너무 좋았습니다!

**봄**  네, 소감 잘 들었습니다. 여러분들과 함께해서 뜻

깊은 시간이었는데요. 저는 제가 앞서 말했던 책의 내용을 인용하며 마무리할까 합니다.

독일의 신경생물학자 요아힘 바우어는 『인간을 인간이게 하는 원칙』에서 인간은 원래 경쟁보다 협력을 통한 관심과 공감의 동물이라고 하였다. 바우어는 특히 사람들이 서로 인정하고 존중하며 애정을 주고받을 때 옥시토신이 많이 분비된다는 사실을 강조했다. 그런 점에서 스트레스는 단순히 뭔가 잘못됐다는 신호가 아니라, 사람들과의 연대를 통해 힘든 상황을 헤쳐 나가도록 돕는 기회이기도 하다. 그래서 순간의 괴로움을 덜고자 피하기보다 같이 힘들어하는 사람을 돕고 배려하며 함께하는 노력이 중요하다.

— 『오전을 사는 이에게 오후도 미래다』, 이국환

이 구절이 많이 떠올랐는데, 우리가 살아가는 데 있어 연대가 중요하다고 말하는 것 같아 인용하고 싶었습니다. 특히 페미니스트들에게는 서로의 존재를 확인하는 것이 큰 힘이 되니까요. 지금처럼 매번 얼굴을 보진 못하겠지만 이곳에 와서 진솔하게 얘기를 나누며 서로의 존재를 확인한 것만으로 참 의미 있는 시간이 아니었나 생각해요. 이 모임은 끝이 나도 우리가 함께했던 시간과 느꼈던 감정들은 사라지지 않고 여러분들의 삶 속에서 이어질 것이라고 생각하기 때문에 우리 앞으로도 연대하며 다음에 좋은 기회 있으면 또 만나 뵈면 좋겠습니다. 감사합니다.

# 페미전 戰

베이비붐 세대부터 Z세대까지
치열하게 교전했던 페미니스트들의 전장.
그들의 역사를 기록한다.

# "난 꼴페미고, 메갈이고"

## 60대 페미니스트 '할매'

'할매'는 시인이자 정치인이다. 그의 삶은 좀 다르다. 좀 많이 다르다. 그의 인터뷰는 일대기와 다름없었다. 부산말로 '입이 야무지다(사람의 성질이나 행동, 생김새 따위가 빈틈이 없이 꽤 단단하고 굳세다)'라는 말을 들으며 살았다는 그는 한 치의 실수도 없이 언어라는 과녁의 중앙을 정조준한다. 표현이 온건하다는 그의 말처럼 그의 언어는 우아해 보이나 어떤 사람과 상황 앞에서도 제 자리를 명중한다. 이 명사수의 이야기를 생생한 목소리로 전하지 못하는 것이 안타까우나 읽고 나면 저마다 색다른 울림이 있을 것이다.

# # 여성시 운동

저는 사회생활 하기 전까지는 그런대로 운이 좋았던 편이에요. 페미니스트로서 사는 삶도 당사자의 입장으로 부당한 일을 개척하기 보다는 연대자와 조력자로서 일을 많이 했어요. 언젠가 이런 생각을 했었어요. 내가 운 좋게 살아왔던 어린 날은 훗날 남을 돕는 데 쓰라고 축적된 것 아닌가. 나이 들어서 조력자로 행동하니까 힘든 일이 많더라고요. 남의 일인데 너무 힘든 일이 많더라고.

그리고 사실 한국 사회에서 살면서 부당한 일을 바로잡다 보면 자동으로 페미니스트라는 소리를 들어요. 페미니스트로 각성을 한다거나 또는 스스로 페미니스트라고 정체화하지 않더라도 자동으로 그 소리를 들어요. 제가 스스로를 페미니스트라고 인식하기 시작한 게 거의 1990년대 후반부터거든요. 근데 그전에도 여성운동가라는 소리를 들은 적은 참 많아요.

그렇게 크다가 실제로 페미니스트로서의 정체성을

가지고 활동해야겠다고 생각한 시점은 90년대 후반에 문학 평론을 시작하면서죠. 나는 평론가로 등단한 적은 없었는데 어떤 잡지사에서 평론을 제안했어요. 게다가 주로 저평가된 여성 시인들에 대한 평론을 많이 썼거든요. 제일 결정적인 계기는 그때 당시에 스스로 문단에서 페미니스트로 정체화하고 활동하고 있었던 선배 시인 두 사람이 있었어요. 그때 한창 여성들의 문학이 뜨기 시작하던 시절이라서 어떤 잡지사에서 두 사람을 대담시키자는 기획을 했어요. 그 대담에 저를 사회자로 세운 거예요. 내가 사회를 보고 두 시인이 대담하는데 그 대담이 여성시의 굉장히 중요한 대담이 되어버린 거예요. 그 일이 여러 잡지사의 눈에 띄어서 평론을 하게 됐어요.

그런데 평론해 달라고 주는 시집들을 보니까 대부분 남자 시집이더라고. 여자들은 시를 안 쓰나 하는 생각도 들더라고요. 그래서 김정란 시인과 함께 '여성시 운동'이라는 걸 시작하게 됐어요. 당시에는 문단에 인맥이 있거나 혹은 학벌이 굉장히 좋은 사람들이 문학상을 완전히 독식하고 '창비'나 '문학과지성사'의 시집 시리즈에 여자가 한두 명 끼고 이러던 시절이에요. 그래서 소위 아줌마 시인이라 불리며 폄하받던 시인들, 시집을 냈어도 관심도 못 받는 시인들에 대해 평론하기 시작했죠.

그때는 여성들이 쓰는 시를 '여류시'라고 불렀거든요. 이름만 딱 들어도 형편없죠? 지금도 문학을 제외한 다른 분야에서는 여류화가, 여류음악가 이런 소리를 해요. 1990년대에 여류시를 여성시로 이름을 바꾸자고 했더니 사람들이 그러는 거예요. 시인하면 여성 아니면 남성인데 굳이 여성시라고 부를 게 뭐 있냐고. 그래서 뭐 때문에 남류시라는 말은 없고 여류시란 말은 있냐고 그랬지. 말이 안 되잖아요. 역사적으로 여류시라는 말은 노천명 같은 1920년대 신여성들을 돋보이게 하려고 나온 말이에요. 우대하는 듯하지만, 한편으로는 차별하는 거죠. 전형적인 미소지니(Misogyny. 여성 혐오) 언어예요. 평가해 주는 것 같으면서 그 여류의 반열에 들어가지 못하는 사람들은 아무것도 아니라고 하는 거죠.

여류는 특권을 주면서 동시에 차별하는 언어니까 이

말을 바꾸자고 해서 여성시 운동을 한동안 했어요. 그랬더니 우리보다 한 세대 정도 아래 후배들은 자연스럽게 나중에는 여성이고 뭐고 이름 없이 그냥 시인이 되더라고요.

안타깝게도 그 운동을 격렬하게 하다가 김정란 시인은 문단 권력자들한테 저격을 많이 당해서 진짜 고생을 많이 했어요. 저는 은근히 따돌림을 당했어요. 심지어 저한테 와서 김정란과 손을 끊으면 네가 어디 문학상도 탈 수 있다는 소리 하는 사람도 있었고. 그러다가 청와대를 가고 하면서는 정치적인 이유로도 왕따를 당했고.


# 온라인 세상 속 투쟁


여성시 운동하다가 굉장히 자연스럽게 온라인 활동을 하게 되면서 결국 정치 활동으로 넘어갔는데 그때부터 사람들이 알고 있는 저의 경력이 시작돼요. 2000년대 초반에 인터넷 3대 성폭력이라는 사건이 있어요. 사실은 아주 많았는데 그 중 도드라지게 눈에 보이는 사건들이었죠. 그 세 가지의 사건에 제가 나서서 싸운 편이에요.

첫 번째, 월장 사건

이것도 지나고 생각해 보면 정말 웃기는 사건인데, 부산대학교의 페미니스트 여학생들이 《월장》이라고 하는 웹진을 냈어요. 월장이 담을 넘는다는 소리예요. 여자들 목소리가 담을 넘어가면 되니 안 되니 하는 그 말을 반박하면서 월장이라고 했어요. 그 《월장》 웹진 1호의 표제가 <도마 위의 예비역>이었어요.

학내 예비역들을 도마 위에 얹어놓고 씹어준다. 사실 학내 예비역들이 나이가 많으니까 정말 웃기는 가부장적 행태를 자주 보이잖아요. 그 점을 비판했는데 그걸 보고서 처음에는 학내 예비역들이 발끈했어도 부산대학교 안에서는 큰 문제가 안 됐어요. 몇몇이 화를 낸 정도인데, 이 화낸 몇몇이 학교 밖으로 퍼 날라서 고려대 예비역들과 고려대 해병 전우회에서 난리가 났어요. 우리 학교 게시판으로 몰려와서 난리를 쳤던 별 웃기지도 않은 사건이 다 있었어요. 그때 월장 커뮤니티가 있었는데 거기에 위장 가입하고 개인정보를 퍼트려서 성매매 사이트에서 막 사람들이 전화를 걸고 그랬어요. 사이버 수사대에 신고도 했었는데 일이 커져서 부산대 자유게시판에서 싸움이 붙었어요.

근데 이때 《월장》 편집위원들 몇몇이 제 수업을 듣고 있었어요. 사건이 커지니까 저한테 와서 선생님 좀 도와달라고 그러는 거예요. 그럼 해보자, 해서 처음에 제 홈페이지에서 토론하라고 하고 홈페이지를 개방해 줬었거든요. 그 바람에 제가 월장의 지도교수라고 소문이 난 거죠. 당하는 여학생들 처지에서는 정말 억울하겠지만 어른들이 보기에는 한심한 사건이에요. 저 고려대 애들이 도대체 왜 저러는가.

그때가 페미니즘이 조금씩 싹이 트고 성장을 하면서 여학생들의 의식이 커지니까 남자애들은 또 그만큼 과격한 반동이 되어가는 그런 시절이에요. 요즘 백래시의 싹이라고 할 수 있겠죠. 그래서 월장 사건이 터지고 꿍

장히 시끄럽다가 결국은 오프라인에서 토론회를 하자고 했는데 상대방 쪽에서 한 명도 안 온 거예요. 그래서 흐지부지 끝이 났어요.

**두 번째, 100인 위원회 성폭력 고발 사건**

대학 총학생회, 노동조합, 사회운동 단체에서 벌어진 성폭력을 실명 고발한 100인 위원회 사건. 그 폭로가 있음으로써 특히 진보 진영 내에서의 성폭력 문제 해결이 많이 발전할 수가 있게 되죠.

100인 위원회 사건이 미친 파장이 아주 크거든요. 그 사건에 저는 어떤 식으로 참전했냐면 그때 제가 《아웃사이더》라고 하는 잡지 편집을 하고 있었어요. 그때 100인 위원회 측에서 아무리 봐도 연애 사건이 아닌 것 같은데 논리를 어떻게 써야 할지를 모르겠는 사건이 있다는 거죠. 그 답답한 기분을 제가 너무 잘 이해했어요. 어렸을 때 언어가 없어서 말 못 하는 것들이 많잖아요.

그래서 내가 그럼 글 하나 쓰겠다 해서 <연애와 성폭력 사이에서>라는 글을 썼는데 제가 썼지만 지금 봐도

명문이에요. 그 내용인즉슨 그런 경우의 성폭력은 일종의 담론 폭력이라는 거죠. 그러니까 성 해방을 부르짖는 페미니스트라고 하면서 순결을 중요시하느냐고 되려 여성을 강박하고, 한편으로는 연애하는 것처럼 농락하고 뭔가 찝찝하지만 내가 명색이 페미니스트라면서 잠자리를 한 것에 대해서 웅크려 있으면 안 된다고 마음을 추스르고 있던 여성들이 다른 여자들도 자기하고 똑같이 당했다는 걸 알게 되는 거예요. 그래서 이 일이 100인 위원회의 고발 목록에 들어가게 되는 거죠. 서울 유수한 대학 총학생회장들이에요.

그야말로 담론 폭력이죠. 사실 상징 폭력도 현실적으로 주먹 날리는 것 못지않게 심각하잖아요. 그리고 성희롱에 언어 성희롱도 분명히 들어가듯이, 언어로 하는 성적인 폭력들도 굉장히 심각해요. 특히 이거는 '네가 페미니스트라면~'이라고 하는 정체성을 붙들고 담론 폭력을 저지른 것이기 때문에 제가 보기에는 굉장히 심각했어요. 그래서 썼죠. 그 남자에게는 연애인 것이 여성에게는 성폭력이 되는 이유를.

### 세 번째, 박남철 성폭력 사건

박남철이라고, 등단한 남성 시인의 성폭력인데 정말 심각했거든요. 김○○이라는 시인이 여성시 운동하다가 안티조선 운동을 하게 됐어요. 조선일보가 문학동네, 창비, 문학과지성사 이런 출판사 하고 유착하면서 페미니스트가 아닌 여성들을 상업적인 목적으로 페미니스트인 척 포장해서 팔아먹으면서 문학을 굉장히 어지럽힌다는 주제의 글을 썼어요. 공격을 많이 받았어요. 저도 함께 싸우고 있는데 이 박남철이 익산에 있는 여성 시인을 강간하려다가 미수에 그친 사건이 있었어요.

그 피해자가 생각할수록 화가 나서 창비 게시판에 항의 글을 썼대요. 창비라면 이런 문제에 대해서 바로 잡아주리라고 생각한다는 마음으로 썼는데 창비 쪽에서 일주일이 지나도록 말이 없는 거예요. 그런데 진중권이 그 글을 또 봤네. 나한테 저 작자를 압니까? 알죠. 그랬더니 어떤 사람이에요? 그래서 왜요? 그랬더니 창비 게시판에 이런 글이 올라왔다는 거죠. 제가 그 여자 말이 맞을 거라고 했죠. 이야기를 들어보니까 그 사람이 너무

나 저지를 법한 사건이에요.

이후에 박남철을 상대로 계속해서 싸우기 시작하고 안티조선 사이트 내에서도 대책위원회도 하나 만들고. 문단이 정말 썩은 것 같으니, 우리라도 돕기로 한 거죠. 그때 여성시 운동했던 김○○이 안티조선의 리더 중의 한 명이었거든요. 그러니까 김○○이 대책위원회를 만들었다고 착각을 한 건지 아니면 일부러 그렇게 착각하려고 마음을 먹었는지 모르겠지만 김○○을 공격하기 시작을 한 거예요. 그 사람을 공격하면 멤버들이 조용해질 거로 생각했겠죠. 어느 정도로 공격했냐면 박남철이 온갖 사생활에 대한 폭로와 모략과 입에 담을 수도 없는 욕을 시라고 써서 어떤 잡지에다 발표를 떡하니 한 거예요. 그거를 시랍시고 실어주는 잡지도 웃기고 쓰는 놈도 웃기고.

그래서 아주 한바탕 난리가 났는데 결국은 김○○이 고소했어요. 그때 제가 너무 충격을 받은 게 여성 시인들한테 탄원서를 받았거든요. 근데 안 해주는 거야. 출판사에 밉보이기 싫다는 거지. 그게 왜 밉보이는 셈이 되는지는 아직도 납득이 안 가요. 그때 모두가 같은 마음은 아니라고 아주 절실하게 느꼈고 인간에게 중요한 것은 성별이 아니고 사상이다. 요즘 말로 하면 정체성이라는 생각도 하게 됐어요.

## # 정치로 향하다

그 후에 노사모와 개혁당 활동을 하게 됐어요. 당내에서도 성폭력 사건들이 발생하더라고요. 직접적인 성폭력도 있었고 언어 성희롱 사건도 있었어요. 해결하기 위해서 되게 많이 노력했어요.

당에 있을 때 제가 앞장서서 했던 일 중에 중요한 정치적 성과가 두 가지가 있어요. 하나는 비례대표를 여성을 1, 3, 5번 홀수 순번으로 하는 것. 그러면 비례대표의 여성이 1명이 더 많게 돼요. 그다음에 또 하나가 의장단 옆에 여성회라는 걸 따로 만들었어요. 이 여성회의 모든 인원이 당의 모든 조직에 관여하게 만들려고 남자 당원들하고 정말 많이 싸웠어요.

개혁당이 참 재미있는 당이에요. 저는 대한민국의 최초이자 마지막인 자유주의 부르주아 정당이라고 생각해요. 앞으로는 생길 수가 없을 거예요. 제가 당헌 작성 위원이었어요. 그래서 제1조에 '우리 당의 가장 중요한 강령은 양성평등이다.'라고 적었거든요. 그랬더니 난리가 날 거 아니에요. 총회 때 제가 설명하겠다고 했어요. 마음이 급해서 첫 번째로 쓴 거지 정말 가장 중요한 강령이라 생각한 것은 아니다, 강령 네 번째쯤에 넣어주면 좋겠다고 얘기를 해서 여섯 번째에 들어갔죠. 양성평등이 우리 당의 중요한 강령이라는 것을 강령 10개 조 중의 6번째에 넣는 정당이 개혁당 말고 어디 있겠어요?

## # 전략적 선택

사실 이젠 제가 자칭 강성 페미니스트라고 주장을 해요. "난 꼴페미고, 메갈이고, 나 강성 페미니스트야."라고. 페미니스트들이 하자고 하는 대로 해도 잘못될 일은 별로 없어요. 페미들이 하자는 대로, 페미들이 가자는 세상으로 가면 적어도 편하다는 걸 사람들이 모르지는 않아요. 세상 물정 알고 천지 분간하는 사람들은 말은 다 달라도 마음으로는 페미니스트들이 원하는 세상으로 가는 것이 자신에게 좋다는 걸 다 알거든요. 그러니까 말하는 방법을 잘 사용해야 해요.

오랫동안 해결사 노릇을 참 많이 했어요. 그러면서 깨달은 게 인간들은 조삼모사다. 원숭이에게 아침에 도토리를 3개 주고 저녁에 4개 줄게 그러면 원숭이들이 막 싫다고 하거든요. 그러면 아침에 4개 주고 저녁에 3개 줄게 하면 좋다 한다는 거예요. 걔들이 받아 가는 도토리 개수는 똑같아. 그러니까 말을 어떻게 하느냐에 따라서 상황을 바꿀 수가 있는 거예요. 프레임과 네이밍을 어떻게 하느냐의 문제일 수도 있죠. 그래서 저는 제가 생각해도 강성인데 실제 겉으로 드러나는 표현은 온건해요.

물론 싸워야 할 때는 싸우죠. 그리고 담론으로 투쟁해야 하는 상황 또는 상대방을 공격해야 하는 상황에서는 가차 없이 공격해야 한다고 생각하지만, 같은 조직 내에서 어떤 일을 해내고 싶을 때는 싸워서 되는 일보다는 안 싸우고 해결하는 편이 훨씬 이득도 많고 잘 돼요.

어떤 맥락에서 누가 발설하느냐에 따라서 같은 말이 의미가 많이 달라지기 때문에 한마디의 말이 가지고 있는 결정적인 뜻은 없다고 생각하는 편이거든요. 저도 좀 뭐랄까. 상황에 따라서 어떻게 말해야 할지 계속 고민하는 편이에요. 내가 여기서 저 사람의 코를 납작하게 누르고 내 자존심을 세우는 것이 이기는 것일까? 아니면 내가 이 일을 성사시키는 것이 이기는 것일까? 이기는 것이 목적일까, 해결하는 것이 목적일까. 일에는 여러 가지 목적이 있을 거 아니에요. 목표를 세우고 나서 방법을 생각하는 거죠. 대부분은 같은 조직 내에서 일을 할 때는 이기는 대화가 별로 소용이 없어요. 내가 고립돼요.

저한테 '입이 너무 야무져.', '너하고 말해서 누가 이겨.'라고 하는 이 말은 승복이 아니거든요. 난 승복 안 했다는 소리인데 그때 내가 기어이 이기고 싶어서 덤비면 그 사람하고 원수져야 하는 거죠. 내가 정말 이겨야 하는지 이기고 난 다음 어떤 뒷감당까지 할 수 있을지 이런 걸 생각해 보고 말해야 되는 건데, 나이가 젊을수록 내 속이 시원하게 말하는 것부터 생각해요. 근데 사실 그렇게 말하는 것이 실제로 속이 시원한 말하기가 아니에요. 실컷 퍼붓고 나서도 기분이 개운하지 않을 때가 되게 많잖아요. 상대방이 승복을 안 하면 내가 어떤 말을 해도 개운하지 않아요. 그러면 승복할 때까지 말해야 한다고 대부분 생각하는데 그게 아니고 그냥 이겨버리면 돼요. 상대방이 승복하든, 안 하든, 자기가 저지른 일에 대가를 치르게 하거나 아니면 내가 원하는 대로 행동을 따르게 하거나.

젊은 세대들은 SNS에서 많이 활동하잖아요. SNS 세상에는 무기가 오로지 말밖에 없으니까 말로 이기는 것에 대해서 굉장히 치중하는데, 실제로 살아보면 SNS상에서 말로 이긴다고 해서 내 월급이 올라가지 않아요. 그리고 완전 이중생활이잖아요. 엄격하게 말하면 두 개 중 하나가 없어도 된다면 온라인은 없어져도 되는 거예요. 그러면 거기서 이기는 것에 너무 공을 들이지 말고 내가 속해 있는 실제 현실 속에서 남들이 나를 건드릴 수 없는 사람이 되는 게 훨씬 중요한 거예요. 어느 것이 나에게 더 중요한 것인가 또 한 번 파악해볼 필요가 있죠.


## # 사람답게 사는 세상


현실 세계 속에서 페미니스트라고 말하는 것이 그다지 유리하지 않은 경우는 참 많지만, 페미니스트로서 행동하는 것은 유리한 부분이 굉장히 많아요. 내 주변 동료, 특히 여성 동료들이 부당한 일을 당했을 때 내가 그 동료 편을 들어준다. 이거는 페미니스트로서의 행동이거든요. 자매라고 불러도 좋고 동지애라고 불러도 좋지만 어쨌든 내가 페미니스트니까 하는 행동이에요.

내가 페미니스트니까 할 수 있는 좋은 일들을 많이 하고 사는 게 참 중요해요. 그런데 꼭 내가 페미니스트라고 말을 할 수 있어야 내가 페미니스트라는 강박이 있을 수가 있거든요. 저도 한 40살 정도 될 때까지는 그런 강박이 좀 있었던 것 같아요. 근데 나중에 생각해 보니까 그런 강박이 있다고 해서 남들이 나를 페미니스트로 인정해 주는 것도 아니고 그렇다고 내가 페미로서의 행동을 더 잘하는 것도 아니고 페미로서의 어떤 의식 세계가 좀 더 친란해지지도 않아요. 저는 페미니즘이 세상을 바라보는 눈을 바꾸고 인식을 바꾸는 것이라고 생각하거든요. 그러면 스스로 페미니스트라고 이야기한다는 것은 내가 세상을 바라보는 시선이 남들과 다르고 내가 행동할 때의 목적이 다르다는 건데 시선과 행동은 하나도 안 다르면서 내가 페미니스트라고 말하면 진짜 한마디로 웃겨지죠.

근데 SNS상의 자기 이미지에 너무 몰두하다 보면 자칫 잘못하면 그런 웃기는 페미니스트가 될 위험이 있다고 생각해요. SNS에서만 페미니스트라고 떠든다는 것은 가상의 부캐를 하나 만들어서 획득하는 거나 다름이 없어요. 페미니스트라는 것은 너무나 깊은 자기 자신의 존재 근원이기 때문에 부캐가 페미이면 안 돼요. 본캐도 페미, 부캐도 페미여야 하죠. 자기의 실제 삶에서 페미로 행동하는 건 "나는 페미다!" 하고 외치는 게 아니라 "페미니까 이렇게 산다!"를 보여주는 일이 되어야겠죠. 페미니스트는 정말 옳고 그름을 분별해 낼 역량도 있어야 하고, 자기 실천을 통해서 세상을 다른 눈으로 보고 기존의 질서가 가지고 있었던 나쁜 것들을 판단하고 파악하고 변화시킬 힘도 길러야 하고, 해야 할 게 많아요.

그래서 젊은 시절엔 페미가 된다는 것을 너무 굉장한 일로 생각해서 '감히' 페미라고 자부를 못 하겠다고 생각한 적도 있었어요. 물론 지금은 그렇게 생각하지 않아요. 스스로를 페미니스트로 정체화한다는 것은 나의 공동체를 향한 약속이라고 여겨요. 이 나이 되도록 살아보니, 페미니스트로 산다는 게 사람답게 산다는 말이나 다름없더라고요. 단지 다른 사람도 사람답게 살도록 잘

도와주는 사람 정도? 필요하다면 싸움도 하지만요. 그래서 저는 페미니즘을 휴머니즘 이후에 오는 새로운 계몽주의라고 말할 때도 있어요. 페미니즘도 점점 발전하면서 언젠가는 반드시 멸망할 지상의 생명들 모두를 품는 사상으로 커나가잖아요. 그것이 바로 사람답게 사는, 사람 사는 세상 아닌가 해요.

# "20년째 각성 중"

## 50대 페미니스트 '미영'

36세에 세 아이의 엄마로 여성단체에 입문하여 어찌어찌 20년을 버티니 대표가 되었다. 돈도 안 되고 권력도 없는 대표는 늘 힘들고 분하다. 그러나 '명예' 하나만큼은 악착같이 지키고자 하는 마음으로 영혼을 갈아서 버틴다. 우리가 힘이 없지, 정의가 없나!

# # 저기 가야겠다

딱 20년이 된 것 같네요. 2004년 초부터 여성단체 활동을 시작했어요. 그때 저는 두 살 터울의 아이 셋을 키우는 결혼 7년 차 전업주부였지요. 일은 커녕 혼자 외출도 어려운 때였어요. 그런데 어느 날 아파트 게시판에 붙은 '성교육 강사 모집'이라는 전단지가 눈에 들어왔어요. 집 근처 여성단체에서 중학생들을 대상으로 성교육을 할 강사를 양성하는 프로그램이었어요. 그걸 본 순간 앞뒤 없이 저기 가야겠다는 생각이 드는 거예요. 애들 세 명을 데리고 아등바등하는 상황이 너무 힘들었고, 좀 벗어나고 싶은 마음도 있었나 봐요. 나도 뭔가 할수 있는 일이 있을 텐데 이런 생각도 들고. 그래서 둘은 유치원에 맡기고, 세 살배기 막내는 데리고. 그렇게 교육을 받으러 간 게 시작이었어요.

# # 항상 발을 동동거리는 건

　　그렇게 성교육 강사 자원봉사를 시작으로 간사로 일
하게 됐어요. 그때는 정말 돌봄 서비스라는 것이 없었어
요. 어디 교육이라도 받으러 가려면 한 보따리 싸서 애
들을 이리 맡기고 저리 맡기고 했지요. 유치원에서 하나
가 수족구에 걸려 오면 세 명이 다 걸려요. 근데 난 출근
을 해야 하니, 세 명을 눕혀놓고 갔다 오기도 했어요. 다
행히 그땐 파트타임으로 일할 때여서 빨리 오기는 했지
만 아직도 마음에 걸릴 때가 있어요. 그런데 아빠는 이
런 경우 집에 있는 걸 절대 선택하지 않았다는 거죠. 주
말에 집회가 있는 날이면 애들 손에 피켓 하나씩 들려
서 데리고 나왔죠. 광우병 반대 시위가 한창일 때도 하
나는 업고 둘은 손잡고 행진했죠. 우리 애들이 엄마 때
문에 좀 고달팠을 거예요. 내가 애들을 놔두고 나간다
하면 어딜 가냐고 남편이 싫어했지만, 다 데리고 나가
면 못이기는 척 갔다 오라고 했거든요. 그러니까 데리고
나갈 수밖에 없는 거예요.

세계여성 폭력 추방 기간

올해의

1. 성폭력

2. 가족폭력

3. 성매매

없는 세상이... 좋아요. ♥

# # 아직도 각성하는 중

어느 순간 갑자기 했다기보다, 20년의 세월을 거치면서 조금씩, 점차 각성했던 것 같아요. 여성의 생식기 그림이 자랑스럽게 좌악 그려져 있는 여성학 책을 처음 펼쳤을 때, 가정폭력·성폭력 피해자들을 상담하면서, 치유 프로그램들을 하는 과정에서 각성도 하고 스스로도 좀 치유가 되었던 것 같아요. 그 단체에서 간사, 사무국장으로 한 5년 일하고 그 뒤엔 대학원에 진학했어요. 현장에서 풀리지 않는 부분은 이론으로 보충하고, 또 와서 일하고, 논문 쓸 때는 좀 쉬기도 하고. 그렇게 계속 여성단체와 끈을 놓지 않고 관련 사업들을 하면서 또 각성하고 했답니다.

몇 년 전, 부산과 서울에서 시장에 의한 권력형 성폭력 사건들이 터졌었죠. 그때 또 한 번 각성했다고 할까요. 사실 부산에서 오거돈 성폭력 사건이 났을 때는 분노할 겨를도 없었어요. 제가 대표를 맡은 지 얼마 안 됐을 때 터진 일이라 사건 대응, 언론 대응 하느라 정신이 없었거든요. 그런데 얼마 뒤 서울에서도 똑같은 박원순 사건이 터진 거예요. 여성단체에서 주는 성평등상을 받을 만큼 페미니스트임을 자처했던 사람이었기 때문에 충격이 엄청났어요. 그때 규탄 성명서를 쓰는데 너무 분해서 손이 덜덜 떨리는 거예요. 이렇게 뒤통수를 맞을 수 있는 게 바로 남성의 권력이구나 하고. 그렇게 각성이 되어 갔던 것 같아요. 또 지금은 젊은 세대들, 영페미들, 영영페미들을 만나면서 계속 각성되는 중인 것 같아요. 성장하는 중입니다.

# Fight 1. "어디 그런 여자들하고 이 시간까지!"

일단 집에서 많이 싸웠고요. 남편과 사이가 그리 나쁘지는 않았어요. 남편은 '여자는 남자가 보호해야 한다.' 라는 가부장적인 사고를 가진 사람이었거든요. 그런데 제가 가정폭력 상담소에 일하게 되면서 폭력 상담을 많이 하잖아요. 그러면서 남편이 하는 것도 가정폭력일 수 있다는 생각이 든 거죠. 고함을 치거나 통제하려고 하거나 이런 걸 인식하면서부터 부딪침이 심해졌죠. 한 번은 상담소에서 일을 마치고 저녁에 회식을 하고 12시 좀 넘어서 들어왔어요. 집에 오니 남편이 "어디 그런 여자들하고 이 시간까지!" 하면서 고함을 치는 거예요. 상담소 소장님하고 같이 일하는 사람들이 저를 이상하게 물들인다고 생각해서 싫어했거든요. 그런데 그 상황에서 너무 겁이 나서 대들지도 못했어요. 금방이라도 맞을 것 같았어요. 맞지는 않았지만, 너무 무서웠던 기억이 나요. 내가 상담하던 가정폭력 피해자들이 바로 이랬구나 하고 이해가 가는 거예요. 그러던 남편이 제가 여기에서 계속 일하는 동안 부딪히고, 서로 이야기하고, 설득하면서 조금씩 바뀌어 나갔다는 게 그간의 성과가 아닐까 합니다.

# # Fight 2. 외친다는 것

거의 길에서 기자회견으로 나날을 보냈지요. 하지만 우리가 기자회견을 해도 아무도 눈도 깜짝 안 하는구나 하고 자괴감이 들 때가 많았어요. 어떨 땐 기사 한 줄 안 나는 날도 있답니다. 한 번은 우리가 시청 앞에서 여성 정책연구기관 축소를 반대하는 기자회견을 한 뒤, 기자를 데리고 시 책임자한테 올라갔거든요. 그런데 그 책임자 책상에 우리가 배포한 기자 회견문, 기자 회견을 다룬 언론기사가 모두 다 정리돼 있었어요. 신경을 쓰고 있었던 거죠. 나중에 들었는데 저희 단체가 시 정책에 반대하는 걸 막을 방법을 빨리 찾으라고 했다는 거예요. 겉으론 태연한 척해도 우리 목소리가 무서웠던 거지요. 아무리 사소한 문제라도 외친다는 것 자체가 중요해요. 발화하는 거죠. 한 개인, 한 기관의 일이 모두의 일로 바뀌는 거죠.

가장 최근에 했던 기자회견은 '여성정책 연구기관 통폐합' 관련이었어요. 사실 이 문제는 2년 전부터 끌어왔는데 저희 단체만 반대 목소리를 내고 있었고, 정작 연구기관 당사자들은 나서지 않고 있었어요. 그런데 올해 들어서 막상 현실에 부딪치고 보니까, 당사자들이 점점 주체적으로 바뀌는 거예요. 이분들이 민주노총(민주노동조합총연맹) 지부에 자발적으로 가입하고 기자회견을 제안했어요. 저희 단체에서는 기자회견 준비를 어떻게 해야 하나 뭘 준비해야 하나 이러고 있었는데, 그분들이 알아서 다 하겠다는 거예요. "참석만 해 주세요." 하시는 거예요. 기자회견 당일 날 보니 정말 스스로 다 준비하셨더라구요. 감동적이었어요. 그날 발언을 준비하던 선생님이 "제가 발언문을 한 번도 안 적어봤습니다. 어떻게 쓰는지 예시를 좀 주세요."라고 해서 드렸더니, 처음에는 구구절절 빼곡히 8장을 적었는데 줄이고 또 줄였다며 4장짜리 발언문을 만들어 오셨더라고요. 기자회견 직전에도 "이거 처음에 이름을 말하고 해야 합니까?", "이렇게 하는 게 맞습니까?" 하면서 계속 물으며 준비하고, 처음 해보는 구호와 손동작도 어색하지만 열심히 따라 하셨어요. 체화되기까지 시간이 좀 걸리겠지만 했다는 게 중요하죠. 진짜 큰 변화였어요. 이제 문제를 자신들의 일로 받아들이고 본인들이 준비해서 기자회견을 해내는 힘. 우리의 노력이 그렇게 변화를 만들고 있는 것 같아요.


## # 세대 공존 : 서로 잘하자, 지치지 말자


예전에는 여성운동에서 우리 세대가 물러가면, 그걸 이을 다음 세대가 와야 한다고 생각했는데 지금은 그냥 공존한다는 생각이 들어요. 우리 세대도 생애주기가 길어져서 아마 오래갈 거예요. 60세가 됐다고 은퇴하는 게 아니라. 지금도 현장에서 왕성하게 활동하고 있는 주 연령층이 50대 중반부터 60대 초반이에요. 우리 세대의 운동 형태는 이렇게 쭉 갈 것 같아요. 이 세대가 가고 다음 세대가 오는 게 아니라 각 세대마다 활발히 활동하고, 그런 활동들이 점차 커지다 보면 만나는 지점들이 있을 거예요. 교집합이 생기거나 아니면 원 형태로

서로 부딪치거나.

　20대, 30대 페미니스트들과 얘기하면서 서로 뭔가 같이하기는 참 힘들겠구나, 그냥 각자의 세계가 다른 것 같다는 생각이 들었어요. 페미니즘에 관심을 가진 계기도 다르고, 원하는 것도 다르고, 상황도 다르고, 모든 것이 달랐어요. 그래서 이 세대들을 끌어당겨서 우리 방식으로 여성운동을 하자고 하는 게 맞나? 우리처럼 조직을 만들고 단체 활동을 하라고 독려하는 게 불가능하다는 걸 깨달았어요. 그냥 묵묵히 이들을 지원하고, 필요할 때, 손을 내밀 때 좀 뭘 같이 하는 거지. 각자 공존하면서 운동의 지평이 넓어지도록, 그러면서 서로의 공통점을 찾아가도록. 그렇게 해야 하지 않을까? 이런 생각이 들어요. 서로 서로 파이팅 하자, 서로 잘하자, 지치지 말자, 하면서.

# "이상하다 왜저럴까 화가난다"

### 30대 페미니스트 '세경'


90년대생 여성 노동자, 이공계 대학을 졸업해 전공과 관련된 회사에 취업했다 퇴사했다. 불편한 이 세상을 바꾸기 위한 실천에 대해 고민하던 중, 여성들만의 정당을 만드는 일에 참여하게 되었고 현재는 여성운동 단체에서 일하고 있다. 뜻이 다른 사람들과의 공존에 관심 없고 인간 개조는 불가능한 일이라 믿고 살지만, 그래도 더 '나대고' 있는 중이다.

# 아, 이 감정이 이거였구나!

　수많은 일화 중 작은 예로, 부모님과 함께 살 때는 "여자애가 집에 늦게 오면 안 돼.", "밖에서 항상 조심해라.", "여자애가 왜 12시 넘어서 집에 들어와?" 이런 종류의 말들을 평생 듣고 살았어요. 근데 남동생한테는 한 번도 그런 잔소리를 하지 않고 저한테만 하니까 늘 이상하다, 왜 저럴까, 화가 난다, 생각만 하고 있었어요.

　일상에서 표출은 안 하고 불만만 가득 품고 있다가, 2016년 '강남역 살인사건'과 2017년 '생리대 유해 물질 파동'이 촉매제가 됐던 것 같아요. 그 시기에 나온 책 『82년생 김지영』도 하도 말이 많아서 궁금해서 사 봤어요. 평소에 책을 잘 안 읽었었는데. 그때 태어나서 처음 '페미니즘'이라는 단어의 존재를 알게 되었고 내가 불편했던 지점들에 대해 언어로서 풀어놓은 것을 보고 '아, 이 감정이 이거였구나!' 알아가게 되는 시기였던 것 같아요. 그렇게 많은 사람들이 나와 같은 감정을 느끼며 살고 있었다는 것도 안도감이 들었다고 해야 하나. 내가 이상한 사람이 아니었구나!


## # 비추천, 신고, 차단


집안에서는 끊임없는 부모님과의 싸움이 있었죠. 밖에서는 다른 사람이 이상한 말을 하거나 나랑 안 맞는 것 같으면 그냥 대화 자체를 안 하거나 안 만나면 되는데, 집에 같이 사는 가족이랑은 그런 대화나 싸움을 피할 수가 없잖아요. 계속 부딪치는 사람들이니까.

저는 SNS나 유튜브를 거의 안 하지만, 검색하려고 유튜브에 들어가면 추천 영상에 여성 혐오가 깔린 내용이나 추잡스러운 콘텐츠들이 대놓고 뜨더라고요. 그런 내용이 아닌 줄 알고 들어갔다가 문제 있는 콘텐츠면 영상 자체를 신고하고, 미리보기만 봐도 이상한 영상인 것 같으면 영상 재생 없이 아예 채널로 들어가서 채널 자체를 신고해요. 괜히 재생해 봤자 조회 수만 올려주게 되는 꼴이니까요. 신고도 계속 누적되면 채널에 대한 제

재가 있다고 들었거든요. 그래서 최대한 많은 사람이 신고를 꼭 한 번씩 해줬으면 하는 마음으로 해요.

뉴스 기사도 그래요. 일부러 찾아보지 않는 이상 들어오기 힘든 기사들인데, 또 그걸 어떻게 알고 찾아오는 인간들이 꼭 있더라고요. 하루 종일 그런 것만 노리는 놈들이 있나 봐요. 조회 수도 별로 없는 기사에 댓글이 한 개 달린 경우가 많은데 '페미X들 어쩌고, 저쩌고.' 늘 별 내용은 없어요. 심지어 기사 내용이랑 전혀 상관없는 욕만 써진 댓글도 있고. 근데 기사 자체는 좋은 내용이니까 꼭 '좋아요'나 '추천합니다' 눌러주고, 이상한 댓글은 '비추천', '신고', '차단' 이런 거 눌러줘요. 누를 때마다 10초씩 대기시간이 있고 하루에 개수 제한도 있어서 더 많은 댓글을 신고 못 한다는 게 열받네요.


## # 정치활동 戰


정치활동이라고 하니, 너무 거창하네요. 창당하기 위

해 사람을 모은다고 해서. 그냥 쉽잖아요, 가입서만 제출하면 되니까. 개인이 할 수 있는 가장 쉬운 일인 것 같아요. 그 계기로 오프라인에서 저와 비슷한 생각을 하는 사람들을 그때 처음, 그렇게나 많이 만났던 거예요. 이전에는 주변 사람들이랑 불편한 점을 얘기할 때도 '페미니즘'이라는 단어까지는 꺼내지 않고 '오늘 이런 짜증 나는 일이 있었다(택시 아저씨가 첫 손님이 여자니까 재수 없다고 내리라고 했다 등).' 이 정도까지였는데, 그때 만난 여성들과 대화하는데 뭔가 속이 뻥 뚫리는 느낌이었어요. 이름, 나이, 하는 일도 몰랐고 서로의 인생에서 접점이라곤 하나도 없었지만, 대화가 정말 끊임없이 이어졌던 경험을 처음 해봤었던 즐거운 시간이었어요. 지금은 자주는 아니더라도 언제든지 연락해서 한 번씩 만나 수다 떨 수 있는 동생들도 생겼고요.

이런 여성 관련 정당들이 더 힘냈으면 좋겠어요. 눈치 보면서 여성 이슈를 챙기는 척하는 당들은 많지만, 여성 문제에 관해서만 목소리를 내는 당은 정말 어디에도 없잖아요.

# # 앞으로 어떻게 살 것인가

　너무 어려운 질문이네요, 당장 오늘 저녁에 어떻게 될지도 모르는데. 요즘엔 무작정 '이거 잘못됐어요, 이건 바꿔야 돼.' 이런 방법이 잘 안 통하는 것 같아요. 그래서 어쨌든 같이 살아가는 방법에 대해 고민해야 하는데, 가끔 또 열받는 뉴스 보면 인간들 싹 다 없어졌으면 좋겠다 싶기도 하고. 그래도 같이 살아야지 싶기도 하고. 지금은 여성들이 그동안 밖으로 말하지 못하고 속으로만 생각했던 문제나 이슈들에 대해서 말할 수 있는 물꼬가 트일 기회가 많아졌으면 좋겠어요. 좀 더 많은 여성들이 여성에 관한 이슈나 활동들 혹은 세상의 부조리한 일들에 대해서 많이 알았으면 좋겠고, 여자들의 목소리도 더 많이 듣고 싶어요. 내 편이 많아지면 좋잖아요.

# "괄괄거리는
# 입만 살아있는 여자애"

### 20대 페미니스트 '수연'

이제 24살이 된 '수연'은 대학 3학년 휴학생이다. 『82
년생 김지영』을 만났을 때만 해도 내 일이 아니라고 생
각했는데, 대학 교양 강의를 듣고 '뭔가 좀 불편했던' 그
것의 정체를 알았다. 매일 가장 가깝고 친숙한 내 가족,
온라인 공간 '에타'에서 벌어지는 일상의 공격들과 싸
워야 하는 날들이지만 '그것'을 몰랐던 과거의 날들로
돌아가고 싶지는 않다.

# # 뭔가 불편한... 그것의 정체는

뭔가 불편한 건 알고 있었는데. 그것의 이름이 뭔지는 계속 모른 채로 초·중·고등학교를 보냈고, 키가 커서인지 약간 괄괄거리고 입만 살아있는 남자 같은 여자애라는 생각은 했었어요. 제가 알게 된 계기는 진짜 확실한데요. 고등학교 1학년 때인가 2학년 때 『82년생 김지영』이 나왔었거든요. 처음에는 후기가 너무 거세서 뉴스에 나오고 하니까 '도대체 무슨 책이길래 저럴까?' 하면서 책을 읽고 페미니즘이라는 게 있는 걸 알았어요. 근데 그게 제 일은 아니라고 생각했어요.

공감도 쉽게 되고 이런 삶이 익숙하다고 느껴졌지만 제 일은 아니라고 생각했는데, 딱 20살 되면서 제 첫 선거가 오거돈 전 시장 보궐 선거라는 게 너무 기분이 나쁜 거예요. 제 인생의 첫 선거를 이런 걸로 한다는 게. 그래서 그때 카드 결제하고 있다가 너무 화가 나서 카드를 반으로 갈라 부쉈어요. 그러다가 대학 교양 수업을 20살 때 듣게 됐는데, 그때 페미니즘이란 게 있는 걸 알

앉어요. "그거구나!" 새로운 세계가 열린 것 같았어요.


## # 그들만의 전쟁


근데 전 아직 사회생활 경험이 없어서 그런지 가정, 온라인 혹은 대학교 안에서 일어나는 일이 전부인데 제일 큰 건 부모님과의 일인 것 같아요. 뉴스에 성폭행 범죄가 나오면 엄마가 처음에는 "아우, 저런 나쁜 놈이 세상에. 어쩌고, 저쩌고." 하다가 꼭 끝에는 "그러니까 너도 빨리 집에 와라. 옷을 왜 저렇게 입었니!" 하면서, "치마 같은 걸 왜 입고 다니는지 모르겠고, 레깅스 같은 옷은 애초에 입고 다니지 마라." 이런 식으로 끝이 나거든요. 아빠도 판사가 형량을 충분히 내리지 않은 것 같으면 "자기 딸도 저래 돼 봐야 알지." 이렇게 얘기를 하시는데 저는 그 말이 싫거든요. 본인도 딸이 있잖아요. 제가 듣다가 너무 화가 나서 부모님께 굉장히 크게 화를 내고는 했어요. 그래서 이제는 그런 뉴스가 나오면 부모님께서 피하고 다른 채널로 돌려요. 아빠가 "네가 너무 틀 때마다 지랄을 하니까 내가 아예 안 틀겠다." 근데 이것도 방법인 게 일단 제가 있는 자리에선 그런 말씀을 안 하세요.


## # 페미니스트로서 제일 힘든 것은

제가 제일 사랑하고 가까운 사람이랑 가장 많이 싸우고 서로 상처 주는 것 같아서 죄송하면서도 괴로운 것 같아요. 그런 생각은 다 하지 않나요? 페미니즘 알고 난 뒤로 내 삶이 좀 더 힘들어진 것 같아, 근데 돌아가고 싶지는 않아요.

인스타그램이든 트위터든 SNS 상에서 '페미'라고 치면 차마 입에 담을 수 없는 말과 터무니없는 글들이 뜨잖아요. 일단 거기에 노출된다는 것 자체만으로도 심리적으로 되게 압박이고요. 왜냐하면 페미를 향한 욕은 그게 사실 다 제 욕이잖아요. 제가 '페미'니까. 근데 '에타

(에브리타임의 줄임말. 대학생 전용 웹 사이트이자 애플리케이션으로 대학에 따라 게시판 등이 제

공되는 편리한 기능으로 대학생들이 가장 많이 설치한 애플리케이션 1위에 오르기도 했다. 커뮤니

티에 익명으로 참여할 수 있는데, 익명이라는 기능이 악용된 혐오성 게시물과 악플이 문제가 되고

있다)'가 진짜 심각하거든요. 정말 매일매일 싸워요.

'페미'의 '㎫'만 나와도 발작하듯이 우르르 몰려와서 욕해요. 우스갯소리로 시험 점수 가장 잘 나오는 방법이, 시험 전날 군대 얘기랑 페미 얘기를 섞어서 글 쓰면 걔네 다 댓글 달 동안 너 혼자 공부하고 점수 잘 나온다는 말이 있을 정도로. 또 친구들하고 만날 때, 특히 혼성으로 만나면 그런 주제는 아예 피하거든요. 저를 구성하는 것 중에서 페미니즘이 가장 큰 구성 요소 중 하나인데, 그걸 일단 숨기고 계속 교우 관계를 하는 거잖아요.


# # 인터뷰 중 '에타' 게시판에 '페미'를 쳐봤더니


방금 게시판에 '페미'를 한번 쳐봤거든요. 가장 최근에 올라온 글이 '우리 과 예쁜 애들은 설마 페미 아니겠

지? 설마 이렇게 예쁜 애들이 그런 거 할 리가 없겠지?'
글이네요. 이런 글이 하루에 몇백 개씩 올라오니까 일단
그게 있다는 것 자체가 스트레스이고, 캠퍼스를 걸으면
서도 '쟤도 에타 할까?' 이런 생각이 들고.


## # 하나둘씩 페미가 되어간다

이상하게 이런 주제에 대해서 전혀 관심이 없었던 친
구들도 사회생활을 시작하면서 페미니스트로 발동이
걸리는 것 같아요. 유행처럼. 하나둘씩 페미가 되어가
는 거죠. 20살 딱 되었는데 할 게 없고, 코로나 집에만
있고, 계속 핸드폰만 하면서 접한 게 많은 것 같긴 해요.
또 온라인으로 모이면 면대면이 아니니까, 좀 더 자유
롭게 얘기 해보고 소모임처럼 오픈 채팅방으로 여성주
의 책을 추천하기도 했었거든요.

성차별이 없다고 생각하는 사람들이 있잖아요. 근데
요즘에는 그분들에 대한 생각이 바뀌었어요. 옛날엔 '어

떻게 같은 여자가 저럴 수 있지?'라고 생각했었는데 저도 어느 순간 이렇게 바뀌었거든요. 그래서 일단 여자면 한 번쯤은 가능성을 열어놓는 것도 좋은 것 같아요.


## # 공존의 전략 짜기


모르겠어요. 요즘 드는 생각인데, 한참 페미니즘을 알게 됐을 때는 진짜 남성 혐오였거든요. 그냥 남자가 싫죠. 심지어 아빠도 싫고 가족도 싫었거든요. 그냥 가부장제의 산물처럼 보이는 거예요. 그걸 알게 되었을 때는 심장이 너무 뛰어서 남자와 분리돼서 살고 싶었어요. 책 『이갈리아의 딸들』에 나오는 공간이 진짜로 있다면 그런 곳에 살고 싶었거든요. 근데 지금은 달라요. 갑자기 세상의 절반이 사라지지 않는 이상 함께 살아야 하잖아요. 그래서 어떻게 공존하면서 살 수 있는가에 대한 방법을 친구들이랑도 얘기를 되게 많이 하고, 전략을 세우고 있어요.

남자든 친구든 아버지든 가족이든 '소매 넣기'라고 해야 하나. 페미니즘 소매 넣기처럼 전략을 짜는 거죠. 아빠한테도 그냥 이래서 안 돼, 남자는 이래서 안 돼, 하지 않는 거죠. 예를 들어서 "옛날 아빠들은 가부장적인 모습도 있고 문제가 많았지만 어쨌든 가정을 책임지려 하고 가족을 이끌려는 마음이 있었는데, 요즘 젊은 애들은 그런 걸 못 한다." 이런 얘기를 하고. 그러면서 "옛날 아빠들은 그러지 않았는데, 요즘 남자애들은 이런 생각을 가지고 이런 말을 하는 것 같다. 그래서 옛날 아빠들이 좀 낫지 않나." 얘기한 다음에, "근데 아빠가 집에 와서 TV 보고 누워 있고, 엄마가 맨날 설거지하고. 요거는 좀 잘못됐다. 그런 건 또 요즘 애들이 더 잘한다." 이런 식으로. 그렇게 같이 사는 방법에 대해 고민하고 있는 중입니다.

자매들이여,
잠깐동안 슬퍼하고
오랫동안 분노하라

# "빨간약을 먹고 나서"

### 20대 페미니스트 '민지'

2018년 12월 광화문 시위에 처음 다녀온 '민지'는 수많은 페미니스트들의 존재를 눈으로 확인하며 빨간약

(빨간약이란 본래 워쇼스키 자매의 영화 <매트릭스>에 등장하는 소재로, 페미니즘적인 의미의 빨간약은 '여성혐오의 존재를 인정한 시점 또는 그 계기'를 뜻한다.)을 먹었다. 빨간약

을 먹었지만, 몸에 좋은 것들은 혀에 닿기 무섭게 쓴맛이 올라오듯 그날 이후로 그의 삶에는 투쟁이 시작되었다. 투쟁 상대는 동아리 남자 선배이기도, 엄마이기도하였지만 그에게 가장 큰 투쟁 상대는 바로 자기 자신이었다. 그는 끊임없는 자기 검열에 지쳐 고뇌하다가도그 과정에서 솔직한 자신을 마주 보게 되고, 있는 그대

로의 모습을 처음으로 받아들이게 된다. 그는 결국 쓰디 쓴 약을 삼켜 낸 것이다. 어쩌면 그에게 일어났던 투쟁은, 빨간약의 약효가 몸 곳곳으로 퍼져 흡수되는 과정에서 나타난 자연스러운 반응이었을지도 모른다.

## #페미니즘을 접하게 된 계기는

2018년에 한창 페미니즘이 사회에서 대두되던 시기가 있었던 것 같은데요, 저도 그 무렵에 페미니즘을 알게 됐었어요. 제가 평소에 여초 커뮤니티를 했었는데 거기서 알게 된 친구 한 명이 있었거든요. 페미니즘을 계기로 알게 된 친구는 아니었고, 2018년 이전부터 연락하던 친구였어요. 인터넷상으로 알게 되었지만, 사이가 돈독해서 자주 연락했었어요. 그러다 어느 순간부터 그 애가 먼저 페미니즘을 접해서 각성하게 되고 저에게 페미니즘에 대해서 설명을 해 줬었어요.

처음에는 이게 뭘까 싶었지만 저는 그 애가 되게 똑

똑한 친구라는 걸 알고 있었거든요. 그래서 흘려 들을 수가 없었던 것 같아요. 저도 의문점이 많았기 때문에 그 애에게 많이 물어보며 해소했었어요. 그때 『탈코일기』라는 만화책도 나왔었는데 그 책을 읽고 그 애랑 이야기를 주고받으면서 영향도 많이 받았고요.


## # 어떻게 빨간약을 먹게 되었는지


그 애를 통해서 페미니즘을 처음 접하게 됐었다면, 제가 각성한 건 '불편한 용기' 마지막 광화문 시위를 다녀와서인데요, 이 시위를 가게 된 것도 그 애 덕분이었어요. 저는 경상도에 거주하고 있었고 그 애는 수도권에서 살고 있었거든요. 마침 제가 휴학을 했을 때라 시간이 있었고 그 애는 시위를 몇 번 다녀왔던 터라 저와도 같이 가고 싶어 했었죠. 그래서 며칠 그 애 집에서 묵으면서 시위도 함께 가게 됐었어요. 그 애 집이 경기도여서 지하철을 타고 광화문으로 갔던 것 같은데, 많은 인

파에 꽤 놀랐었어요. 기억이 드문드문하지만, 지하철에
서부터 시위 장소로 가는 데까지 정말 많은 인원이 있
었거든요. 머리 짧은 여성들이 많아서 그때 실감이 났던
것 같아요. 아, 이 사람들이 여성들을 지키고자 전부 다
모였구나. 날이 추운 겨울이었는데 다들 모여 앉아서 구
호를 외치고 앞에 나와서 이야기하는 여성들을 보니까
마음이 너무 이상했었어요.

저한테는 수많은 페미니스트들의 존재를 눈으로 확
인한 게 각성 계기가 아니었나 싶어요. 사실 뭐가 뭔지
도 모르고 참여한 시위였지만 그 안에 속해 있는 것만
으로 분명 제 안에 큰 울림을 줬었거든요. 그래서 집으
로 돌아오는 길에는 계속 눈물이 나서 혼자 훌쩍였어
요. 다시 생각해 보니 저는 저 자신을 너무 검열하고 미
워하며 지냈던 것 같아서 저한테 너무 미안했거든요. 그
래서 집으로 돌아와서는 페미니스트들의 존재에 용기
를 얻어서 '나도 내 목소리를 내야겠다.', '나를 아끼며
지내야겠다.' 생각하고 머리를 자르고 화장품들을 버렸
어요. 앞으로는 나를 사랑하는 삶을 살아야겠다고 생각

페미가 페미에게

했었죠.

## # 첫 번째 투쟁, 페미니즘 책을 읽는 것만으로

이건 제가 시위를 참여하기 전에 페미니즘에 막 관심을 가지기 시작했을 때의 이야기인데요. 제가 그때 남자들이 많이 있는 동아리에 제 친구들이랑 가입해 있었어요. 제가 한 번은 페미니즘 책을 빌려서 동아리방에 들고 갔었는데 그걸 남자 선배들이 봤었나 봐요. 저는 동아리방에 있다가 먼저 나왔고, 동아리방에 남아 있는 제 친구랑 얘기할 게 있어서 통화를 했는데 전화 너머로 남자 선배들이 낄낄거리면서 페미니즘 책 빌렸다고 조롱하더라고요. 기분이 나빠서 전화를 확 끊었던 기억이 나요. 페미니즘 책을 빌린 것만으로 그런 소리를 들을 일인가 싶더라고요. 그때는 친구 관계가 참 중요한 나이여서 불편한 동아리에서 탈퇴는 하지 못하고 드문드문 나갔었는데, 그러다 한 번은 다 같이 있는 자리에서 페미니즘 얘기가 나오더라고요. 그때 제가 페미니즘 책을 들고 갔던 얘기를 꺼내면서 한 남자 선배가 "너는 페미니즘 책을 읽는 정도라 그나마 괜찮은데, 시위 나가고 이런 애들은 진짜 미친X들이야. 정신병 있어." 이렇게 말하더라고요.

저는 그때 시위는 나가지 않았지만, 사람들이 왜 시위하고 있는지는 어렴풋이 알고 있었거든요. 제 앞에서 그런 말을 입에 올리는 남자 선배를 보고 너무 화가 났는데 저는 결국 그때 아무 말도 못 했어요. 폭력적인 언어를 아무렇지 않게 꺼내는 남성을 보고 어떻게 대응해야 할지 몰랐던 게 제일 컸던 것 같아요. 마음속으로는 시위를 나가는 여성들이 틀린 게 아니라고, 자기 목소리를 당당하게 내는 것이라고 얘기하고 싶었는데 그때 그렇게 말했으면 저도 같이 정신병 있는 애 취급을 받았겠죠. 그 공간, 그 분위기에서는 저를 지켜 줄 사람은 아무도 없어서 저는 결국 침묵할 수밖에 없었어요. 어쩌면 저는 그 남자 선배 때문에 더 시위에 나가야겠다고 마음먹었을지도 몰라요. 그 선배의 말이 틀렸다는 걸 보여주기 위해서요.


# 두 번째 투쟁, 끊임없는 자기 검열

 빨간약을 먹고 나서 투쟁들은 너무나 많았죠. 남자가 되려고 머리를 잘랐냐는 엄마의 말부터 친구들과의 핀트가 어긋나는 대화 등등. 그렇지만 지금도 그렇고 과거에도 그렇고 가장 큰 투쟁 상대는 바로 저였어요. 외적 탈코르셋은 됐지만 내적 탈코르셋은 여전히 진행 중이었거든요. 더 이상 화장을 하지 않고 머리는 기르지 않지만 저는 여전히 끊임없는 자기 검열에 시달렸어요. 페미니즘을 접하고 나서는 더 이상 내가 하는 것들이 무의미하다는 걸 깨닫고 내적인 것들에 더 신경을 써야겠다고 다짐했었어요. 앞으로는 건설적이고 부지런한 삶을 살아야지, 사랑을 기반으로 나아가야지 생각했었는데 이 마음이 어느 순간부터 또 다른 완벽을 불러오더라고요. 저는 저에게 사랑을 주는 법을 몰랐고, 있는 그

대로의 나를 받아들였던 적이 잘 없었으니까 포용 대신 제가 무조건 바뀌어야 한다고 생각했던 것 같아요. 그래서 각성한 초기에는 '게으르면 안 돼.', '늘어지면 안 돼.', '잘해야 해.' 이런 마음들과 싸웠던 것 같아요.

그런데 저는 사실 서툰 부분이 많고 미루는 게 더 익숙한 사람이에요. 20년이 넘는 시간 동안 이어 왔던 제 특성을 고려하지 않고 스스로를 위한다는 명목 하에 저를 채찍질하고 무작정 바뀌기만을 바라다보니 어느 순간 마음이 너무 힘들어지는 순간이 찾아왔어요. 이상은 높은데 내가 그 이상을 따라가지 못하니까. 그래서 코로나가 터지고 나서는 다 맥없이 끊겨 버렸어요. 그때가 복학했을 때였는데 예전의 저로 돌아간 것 같은 기분이 들어 죄스럽더라고요. 의욕도, 의지도 전부 잃어버렸었고, 건강하고 부지런한 삶을 꾸리고 싶었는데, 따라가다 제가 숨이 막혀 죽을 것 같았어요.

그때 마침 과제 때문에 제 생각들을 글로 정리해 볼 시간이 있었는데 그때 저를 다시 바라보게 됐어요. 사실 나는 부지런한 것보다 미루는 게 익숙하고, 점잖은 듯

*페미가 페미에게*

굴지만 사실은 겁 많은 사람이라고. 세상에 덤비는 게 처음이라 모든 걸 혼자 해결해야 할 때면 가슴부터 쿵쿵 뛴다고. 인정하는 게 너무 힘들었는데 인정하고 나니까 마음이 조금 나아지더라고요. 나는 사실 이런 사람이라고 나를 처음 받아들이게 됐던 거죠. 그러고 나니 다시 '내가 해야 할 일은 무엇일까?' 하며 방향을 다시 설정할 힘이 생겼던 것 같아요. 앞으로는 무작정 바뀌기만을 바라는 게 아니라 내가 살아온 방식과 그 익숙함을 존중하며 앞으로 나아가야겠다고 생각했죠. 지금도 완벽하게 자기 검열을 멈추고 나를 온전히 받아들이고 있다고는 할 수 없지만, 하나 분명한 건 저는 해가 지날수록 더 성장하고 저를 더 사랑하고 있어요. 이거면 된 거라고 생각해요.

# 세 번째 투쟁, 엄마와 적당히 거리 두기

저는 엄마와도 많이 다퉜던 것 같아요. 제가 외모 강

박이 심해진 게 어머니 영향이 컸거든요. 엄마와 있으면 뭐랄까, 저를 있는 그대로 봐 주지 않는다는 생각이 강하게 들었죠. "너는 다 좋은데, 살만 빼면 딱 완벽하겠다." 이 말을 끊임없이 덧붙이셨거든요. 그 말에 발끈하면 "너도 솔직히 네 모습에 만족하느냐, 인정하지 않으니까 발끈하는 거 아니냐.", "가족이니까 이런 말을 해 주는 거야."라고 하셨어요. 머리 자르고 와서는 더 심해졌는데 남자가 되려는 거냐고, 제 모습을 부정하는 말씀을 많이 하셨던 것 같아요. 그때는 한 집에 살 때니까 엄마 앞에서 화도 내고 울기도 하면서, 마음이 아주 힘들었던 것 같아요. 엄마의 말이 사실이 아닌 걸 알면서도 많이 흔들렸고요. 어떤 부분에서는 엄마를 설득하려고 했지만, 설득하는 과정이 너무 아프고 에너지 소모가 커서 쉽지 않았어요. 집에서는 저 자신을 지키는 게 매우 힘들었는데 그러다 독립을 위해 집에서 나오게 되면서부터는 많이 편해졌어요.

일단 얼굴을 보는 게 줄어드니까 부딪칠 일도 많이 줄어들면서 결국 엄마도 내가 아닌 타인이라는 걸 처음

인식하게 됐던 것 같아요. 엄마의 우선순위와 나의 우선순위는 너무나 다르고 이걸 엄마의 기준에 맞출 필요는 없다는 것도 깨달았고요. 경제적 독립 후에 정서적으로도 독립을 하게 됐고 눈에 보이기 시작하는 것들이 있더라고요. 엄마가 제게 주는 애정 같은 것들이요. 혼자 있는 내가 끼니를 잘 챙겼으면 하는 마음에 싸 주시는 반찬 같은 것들이나 잘할 거라고 믿는다고 해 주신 말씀이나 그런 것들을 보면서 느꼈어요. 엄마는 저를 사랑하신다고요. 그렇지만 내가 받고 싶은 방식과 다른 방식으로 사랑을 주고 계신다고요. 부모와 자식이라고 해서 서로를 온전히 이해하고 받아들이는 건 어려운 일이라고 생각해요. 서로에게 모든 걸 다 말하지 않아도 된다고 생각하고요.

그래서 저는 엄마와 적당히 거리를 두면서 사는 방법을 택했어요. 저에게는 그 방법이 서로를 지키는 방법이었거든요. 엄마의 말에 타격을 받는 것도 줄어들고 엄마가 주는 사랑도 더 잘 느껴지는 방법인 것 같아요.

# # 앞으로 어떤 삶을 살아가고 싶은지

일단 제가 가진 능력들을 잘 키우고 싶어요. 저는 교육, 상담, 글쓰기와 같은 것들에 관심이 많아서 일단 관심 분야 쪽으로 경험을 더 많이 쌓고 싶고요. 제가 그 분야의 전문가가 된다면 제가 가진 능력들을 잘 활용해서 여성을 위해 할 수 있는 일들이 더 많아지지 않을까 생각해요.

저는 평소 사람을 통해 힘을 얻고 앞으로 나아가는 사람이라 제가 성장하는 과정에서도 주변 여성들의 도움을 많이 받았었거든요. 그래서 저도 그 마음에 보답하고 싶기 때문에 제가 나눌 수 있는 건 나누면서 살아가고 싶어요. 그럴수록 저는 고갈되거나 소진되지 않고 마음이 더 채워지는 사람이거든요. 세상은 혼자 살아갈 수 없고 서로에게 영향을 주고받으며 살아가는 만큼 저는 언제까지나 여성들과 함께 지내고 있지 않을까요. 여성들의 목소리를 잘 들을 수 있는 곳에서, 저도 제 목소리를 들려주며 함께 살아가고 싶어요.

# "일상에서 중심잡기"

## 40대 페미니스트 '연우'

 

'연우'는 지역에서 여성주의 다큐를 만드는 영화감독
이다. 학생운동으로 시작해서 여성주의 미디어 운동까
지 활동 영역을 넓혀왔다. 과도기의 영페미로서 해결해
야 할 문제들이 무겁게 다가오기도 하지만, 지금은 직
장에서, 가정에서, 마을에서 어떻게 일상의 페미니즘을
실천할 수 있을까를 고민하는 중이다.

# 페미니즘, 그것은 나의 문제일까

이게 페미니즘이구나, 하고 시작한 게 아니고 그냥 돌아보면 서서히 마음의 변화가 있었던 것 같아요. 학생운동 시절, 제가 다니던 대학교에는 총여학생회, 여학생 잡지, 페미니즘 문화제도 있었고 그 외에도 다양한 문화 행사들이 있었어요. 하지만 그때는 피부로 와닿지 않았던 것 같고 오히려 저에게 페미니즘이 깊게 들어온 건 '미투'가 제일 큰 분기점이었던 것 같아요.

학교를 졸업하고 나서는 독립 영화 단체에서 영화 작업을 했어요. 그때 여성단체 회원 활동도 같이 하고 있었는데, 그 안에서 미디어 활동을 하고 싶어 하는 회원들과 미디어팀을 꾸렸어요. 회원들의 활동을 기록하거나 3·8 여성대회에 필요한 영상을 만든다거나. 그렇게 여성운동의 흐름을 간접적으로 알게 된 거죠.

저의 생애주기 안에서 겪었던 변화도 제가 페미니즘을 더 공부하게 되는 계기가 되어 준 것 같아요. 내 주변에 날 힘들게 하려고 하는 사람은 없는데 왜 매번 나만 이렇게 발을 동동 굴리고 있나, 무엇이 나를 힘들게 하는 걸까에 대한 질문의 답을 찾고 싶어서 페미니즘을 더 붙잡은 것도 있는 것 같아요. 그러다 보니 조금 더 구조적인 부분으로 시야를 돌리게 되고 일상 곳곳을 장악하고 있는 가부장제와 그것이 만든 시스템들이 하나씩 보이기 시작한 것 같아요.


## # 여성들의 삶이 궁금하다

그렇게 여성주의 운동의 필요성을 느끼게 됐고, 공부하게 됐고, 해결하고 싶었어요. 근데 혼자서는 해결이 안 되니까, 주변에 여성운동을 하셨던 선배님들의 삶이 궁금해지기 시작하면서 다큐에도 담겼던 것 같아요. 지금은 특히 지역에 사는 여성들이나 지역 안에서도 계속 주변화되는 여성들, 그분들의 삶을 기록하는 작업을 하고 싶고, 지역 여성사에 기록돼야 한다고 생각해요. 그래야 이 사회가 기억할 수 있으니까요.

# Fight 1. "도와드릴게요."

현장 예를 들자면 우리 회사는 여성들이 많잖아요. 근데 미팅이나 첫 만남 자리에 가면 어떤 기업은 "여자분들이 오셨네." 한다던가. 아니면 친절을 베풀려고 한 말인지는 모르겠으나 우리가 짐을 들고 있으면 "도와드릴게요.", "이 많은 짐을 다 혼자 들고 오셨어요?" 하는 질문을 자주 받는 편이에요. 장비가 많은 업종이다 보니 배려하는 차원에서 그렇게 말씀하실 수 있는데요. 같은 업종의 남성이 그 정도 짐을 들고 있으면 그런 질문 안 합니다. 저희도 나름 프로들인데, 그런 질문을 들으면 배려 아닌 배려로 느껴질 때가 있어요. 도움이 꼭 필요하면 아마 저희가 먼저 요청할 거예요.


# Fight 2. "커피 머신을 하나 삽시다."

이전 회사에서는 이런 일도 있었어요.

제가 들어간 부서의 팀장이 손님 왔다고 커피를 가져다 달라는 거예요. 말로만 듣던 20세기의 직장 내 성차별 에피소드가 나에게 일어나다니. 이거 왜 이러지 싶어서 마침 그날 저녁에 열린 신입 환영하는 자리에서 그냥 바로 말했어요. "요즘 같은 시대에 그런 말을 들을 줄 몰랐다. 좀 이해가 안 된다.", "왜 제가 해야 하는 거예요?" 그랬더니, 팀장은 자기는 별 뜻이 있어 그런 게 아니고 그냥 바로 앞에 있어서 그렇게 한 거라고 하더라고요. 근데 주변에 또 진보적인 남자 선배들이 있었을 것 아니에요. 그러니까 자기들도 좀 미안한지 내놓은 답변이라는 게 "그러면 커피 머신을 하나 삽시다." 이러는 거예요. 그 커피머신에서 커피를 내리는 건 또 누구의 몫일지 생각했죠.

# 운동과 삶의 병행, 어떻게 가능하지?

제가 워낙 가부장제 갑옷을 입은 엄마 밑에서 자랐기

때문에, 제 아이들은 그렇게 안 키우고 싶은 거예요. 매 순간 의식하면서 사는 것도 이상하고, 성평등한 문화가 우리 가족의 일상에서 자연스럽게 자리 잡으려면 어떻게 해야 하나 생각하게 돼요. 지금 제가 겪는 이 생애주기를 거쳐 가신 선배님들이 계시잖아요. 더 유심히 바라보게 되고 저절로 존경하는 마음이 들고 그래요. 지금보다 더 열악한 환경에서 운동과 삶을 병행해 온 거잖아요. 지금 저는 아이 돌봄 서비스라는 혜택을 받고 있지만 이전에는 이런 제도적 기반 없이 어떻게 돌봄을 해결하셨을까? 궁금해서 여쭤보기도 하고 그랬어요.

## # 영페미, 과도기의 세대

우리가 미투운동을 지나며, 이제 여성운동이 소강 국면에 있다는 이야기를 주변에서 많이 하잖아요. 해시태그와 온라인 운동의 역동성과 시너지도 분명히 중요하고 그것이 가지는 힘이 있는 건 맞지만, 이것을 지속해 나가기에는 그것만으로는 안 된다는 것을 느꼈어요.

특히 다큐 작업을 하면서 SNS가 없었던 시절의 여성운동 기록을 보잖아요. 그 시절엔 피부에 와닿게 내 삶을 진짜 같이 살아내어 주는 동료들이 많았던 것 같더라고요. 그리고 선배들 보니까, 운동적 접근뿐만 아니라 애를 키울 때도 항상 내 애처럼 같이 키워주고 이런 공동체 문화가 일단 바탕에 깔려 있고, 서로에게 마음을 내주기도 하고 기대기도 하면서 여성운동을 실천해 나아간다는 생각이 많이 들었어요.

그런데 저희 세대 전후로 사실 공동체적인 실천을 함께한 경험이 없는 상태에서 온라인으로 하다 보니 괴리가 계속 커지는 것 같아요. 그리고 제가 과도기에 있는 세대이기도 하니까 그런 문화 차이를 크게 느끼거든요. 그렇지만 또 다 이해해요. 여기는 왜 온라인만 하는지, 여기는 왜 그렇게 만나서 하려고 하는지 이해는 가요. 그러니까 저희 같은 이런 끼인 세대는 다 수렴해야 하니까, 또 이 세대가 가지고 있는 나름의 아픔이 있는 거예요. 그러다 보니 저희 세대가 일을 다 떠맡는 경우가 많은 거죠. 여기 고민도 접수하고, 저기 고민도 접수하다 보면 우리 세대가 해결해야 하는 게 너무 많아 보이기도 하고요.

## # 일상에 스며들어서 서서히

요즘엔 저의 일상을 가만히 들여다보고 하나씩 주의를 기울이고 더 나은 방법을 찾으려고 해요. 내가 사는 동네라든가, 아이 학교라든가, 클라이언트나 동료들, 이들과 함께 할 수 있는 실천부터 해보자 싶었어요. 너무 큰 틀에서 여성운동을 어떻게 할지 고민하는 게 어렵기도 하고요. 내 주변이나 일상에서 같이 호흡할 수 있는 사람들과 마음을 주고받는 것부터 하려고 해요.

지금까지는 목적 의식적으로 해야 했다면, 지금은 그냥 '나'를 중심에 두고 내가 만들어 가고 내가 주체가 되는 것. 그거를 한번 해보고 싶고 잘하고 싶은데, 엄청 어렵더라고요.

더 많이 알아야 하고 일상의 언어로 풀어내려면 이게 완전히 내 것이 돼야 하잖아요. 일상에 스며들어서 서서히. "저런 삶을 사는 사람이 페미니스트인가?" 이렇게 자연스럽게 저를 궁금하게 하고 싶은데. 그러려면 제가 기준을 가지고 바로 서야 되겠더라고요.

# "인생은 절대
# 혼자 사는 것이 아니야"

70대 페미니스트 '기숙'

그녀는 한국에 뿌리 깊게 내려 있는 가부장제와 투쟁하며 여성의 의식화 교육과 부산 지역의 다양한 여성 기관 설립과 존립을 위해 매 순간 행동하는 여성이었다. 돌이켜 보면 길고도 쉽지 않은 여정이었으나 그녀의 행보는 결코 외롭지 않았다. 걸어가는 길 곳곳에는 마음을 나눌 수 있는 수많은 여성 동료가 존재했고, 이들과 연결되어 함께하는 삶을 살고자 했기에 그녀는 굳건히, 오래도록 앞으로 나아갈 수 있었다.

# # 아득하지만 선명한 그 시절

저는 1950년생, 중산층 가정 출신입니다. 대학원을 마치고 바로 20대 후반에 교수가 되었고 결혼과 출산 등으로 개인적으로 매우 바쁜 일상을 보냈습니다. 대학생 때는 총학생회 대의원 활동이나 단과대학 회지 편집 활동 등을 했어요. 그때가 1970년 초로 박정희 군사 독재 시절이었어요. 특히 부친이 교사로, 자식들에게 정치적 문제에는 가까이 가지 말라고 당부하시던 시절이었어요. 그래서 나도 교육이나 연구, 자녀 양육에만 집중하고 있다가 1979년 박정희 암살, 전두환의 12·12 사태, 1980년 5·18 광주 민주화운동 등이 일어나면서 한국의 정치, 사회문제에 관심을 더 가지게 되었지만 조금 피상적이었죠.

당시 여성운동에서 기억나는 것은, 1980년 '범 여성 가족법 개정촉진회'와 '유엔 여성차별철폐협약'에 자극받아 헌법에 '남녀평등권' 관련 조항, 즉 11조에 '성별에 의한 차별을 받지 않는다'라는 규정이 들어간 것이 지금도 기억에 남아 있어요. 당시 서울 지역의 학생운동은 이미 정치 개혁 요구를 넘어 정권교체, 학내의 민주화 운동 등으로 주제가 확산했었죠. 그리고 여성평우회, 여성노동자회 등이 만들어졌어요.

부산에서도 민주화운동이 있었고, 대학에서는 교수 민주화단체가 결성되고 노동 분야에서 1988년 여성노동자회가 결성되었어요. 그 후 90년대에 들어서 가정폭력, 성폭력, 여성정책, 여성교육 등의 진보 여성단체가 만들어졌어요.

## # 1988년, '여성학' 강의가 시작되다

개인적으로 제가 여성해방운동에 더 눈을 크게 뜬 것은 재직하고 있던 대학에서 발생한 학생운동에서 자극받기 때문입니다. 재직했던 그 학교에서도 1988년 총학생회의 학내민주화로 학생들의 집단적 활동이 심했었어요. 그때 재단과 대학 본부의 여러 문제가 밝혀지면서 대학 교육의 이념이나 가치, 여성교육의 방향 등에 대해 우려가 생겼습니다. 그 학내민주화 사태를 보면서 교수들이 우리 대학 교육의 방향이 어디로 가야 할 것인가에 대한 고민을 하면서 '민주교수협의회'에 가입하고. 특히 여자 교수님들과 많은 얘기를 나눴던 게 내가 여성교육에 대해 더 많은 관심을 가지게 된 배경이라고 생각합니다.

그때부터 여성교육의 방향에 대해 고민했어요. '여성이 주체적으로 산다는 건 무슨 말인가?' 같은 주제에 눈을 뜨기 시작했죠. 저는 69학번으로 지방국립대학교 가정교육학과 출신으로 전형적인 전통적 여성 중심 교육을 받은 사람이었거든요. 그때부터 페미니즘 관련 이론서들을 읽으면서 내 전공과는 다른 공부를 하기 시작했고 특히 가족 문제가 가부장제에 근거한 남성중심적 제도라는 것도 알게 되었죠.

1988년 2학기에는 학내민주화 운동의 성과로 재직하던 대학교 교양과정에 '여성학'이란 과목이 개설되었습니다. 당시 저뿐만이 아니라 우리 학교에 계신 어느 선생님도 이 여성학을 혼자 강의할 수 있는 분이 안 계셔서, 여성 교수들이 모여 의논하며 세부 교과 내용을 짜고 팀티칭을 하기 시작했었어요. 그렇게 부산 지역에서 여성학이 조금씩 자리 잡기 시작하면서 1988년 12월, 제가 재직하던 학교에서 '여성문제연구소'가 설립되었고 저는 초대 소장을 맡았어요. 그러면서 제 활동이 교내에서 교외로 확장되기 시작했어요. 부산여성회, 부산여성의전화, 여성정책연구소, 부산성폭력상담소 등에 자문 교수로 참여하였고, 1995년 설립된 부산여성사회교육원의 초대 원장을, 2003년에 설립된 여성인권지원센터'살림'의 이사장을 맡으면서 실제 많은 조직의 초기 활동에 함께 했습니다. 1999년 6개의 진보 여성운동 단체가 모여 '부산여성단체연합'을 결성한 것은, 부산의 진보 여성 운동사에서 제일 큰일이라고 생각합니다. 함께 해 준 여성운동 활동가 선생님들과 많은 자문위원님들께 감사드리며, 지금도 우리는 만나면 손을 굳게 잡습니다. 지역의 진보 여성운동 활동가들은 저의 친구가 되었고, 그게 어언 30여 년의 세월이 되고 있어요.

# # 그녀의 여성운동 방식

제가 했던 여성운동의 주제는 가부장제 타파, 여성의 인간화, 여성교육 등이었고, 방식은 직접 활동가로 개별 여성을 만나는 일보다는 여성 의식화 교육프로그램 개발자, 여성단체 자문 등 교육과 행정을 통한 활동이었습니다. 즉 부산시를 비롯하여 교육청, 법원, 검찰청 등 남성 중심 회의체에 거의 최초의 '여성' 위원, 나이가 제일 어린 민간위원으로 활동하면서 여성의 관점을 설명하고 주장했어요.

2000년 초, 부산시가 대대적 조직개편을 하며, 초안에 '가정복지국'을 없앤 안을 내놓은 적이 있습니다. 설명하고 또 설명하고 해서 만들어진 것이 '여성복지국'이었습니다. 시장 선거에 공약으로 부산 여성계가 바랐던 '부산여성센터'를 넣는 자료 작업을 해 드리고, 시장 후보를 만나는 일을 했습니다. 당연히 부산 여성 한 사람으로서 해야 하고 도와드려야 한다고 생각했지만, 사실은 무기명 일들이었어요.

특히 기억에 남는 것은 지역의 여성 정치의식 향상을 위해 설립된 부산여성정책연구소에 지역 정치나 정책 전공 교수와 연구소를 연결해, 초기에는 '여성주의 정치'를 희망하는 분들에게 큰 도움을 드리기도 했습니다. 그때 함께 해 준 부산 지역의 정치, 행정 분야 교수님들께 새삼 인사를 드리고 싶습니다. 고인이 되신 분들도 많이 계십니다. 부산의 정치 지형상 추후 그 단체가 제 신념과는 다르게 움직이는 것을 보고, 제 할 일은 다했다고 여겨 활동을 안 했습니다만 지금 생각하니 제 역량이 부족했었던 것 같았습니다. 정치라는 것이 일상 운동의 지향과 맞아야 하고, 일상의 완결로 가야 하고, 우리가 더 힘을 모아야 한다는 것을 그때는 잘 알지 못했습니다.

저는 교수로, 가르치는 사람으로, 성폭력 및 가정폭력 피해 여성 교육프로그램 개발과 실제 교육 관련 단체들의 활동가 지원 등에 시간을 많이 보냈습니다. 동시에 '부산여성사회교육원'을 통해 일반 여성들 대상의 여성의식을 고취하는 페미니즘 교육과 사무직 여성

대상의 여성주의 교육 등을 진행하기도 하였고, 지역의
동료 교수, 강사 선생님들 중심의 스터디 모임을 오랫
동안 했습니다.

지금도 여전히 저는 여러 단체에서 이사와 이사장을
맡아서, 일선에서 활동하는 여성 활동가들을 돕는 마음
으로 활동하고 있습니다. 만나서 어려운 이야기 들어주
고, 밥 먹으면서 웃고, 차 마시면서 각자의 인생을 나눕
니다. 이것이 늙은 제가 할 수 있는 방식입니다.


## # 가부장제와의 투쟁을 결심했던 이유


역사적으로 여성의 일상은 '가정과 육아'에 매몰되어
있으며, 그 일상적 일을 당연한 듯이 받아들이게 한 것
이 '남성 중심 가족제도' 즉, '가부장제 이데올로기'입니
다. 제 석·박사논문 주제가 '한국 가정에서의 고부관계'
였습니다. 이 연구를 통해 저는 여성이 남성 중심 제도
의 씨받이로 스스로의 이름으로 자기 삶을 살지도 못하

고, 살더라도 남성의 삶에 기생된 삶이라는 걸 느끼고 참 절망했습니다. 남성이 두 세대의 여성을 갈등하게 만든 것입니다. 가부장제가 갈등하게 만든 것입니다. 그런 관점이 점차 확대되어 가정폭력, 성폭력, 성매매, 여성 노동 등을 이해하게 해 주었습니다.


## # 가끔 나의 삶을 돌아보면

제가 여성학자로 지역의 여성운동에 관여한 것은 당연하고 또 잘한 일입니다. 이 행적에 대해서 서는 후회는 없습니다. 그리고 이런 여자의 가치, 신념을 이해해 준 남편이 있었던 것도 저의 행운입니다. 그러나 저는 나의 자녀들 옆에 오래, 친밀하게 머문 어머니가 아니었다는 것을 요즘 많이 생각합니다. 내 자녀들이 나에게 불만을 말하지는 않았습니다만, 엄마가 필요했던 청소년 시기에 저는 밖의 일로 매우 바빴기 때문입니다. "우린 우리 스스로 성장하였지."라는 말에 "그것 당연하

지 않아?"라고 대꾸한 것이 새삼 마음이 아파요. 지금은
제 몫들을 잘하며 살고 있지만, 언젠가 "엄마 우린 괜찮
아."라고 이야기해 줄 날을 기다립니다.


## # 70대 페미니스트, 앞으로 여생은

저는 2015년에 정년 퇴직하였지만, 지역의 여성단체
직함은 다 그대로 가지고 있고, 그대로 활동하고 있습
니다. 오히려 그들을 만나는 게 반갑고, 그들과 만나야
여성 이야기들을 풀어낼 수 있으니 저 자신에게도 좋습
니다.

여전히 페미니즘 신간을 읽으며, 여성운동 주제들에
대해 고민하고 있습니다. 요즘 관심 가지고 있는 것은
'돌봄과 웰다잉(Well-Dying)'입니다. 돌봐주는 가족이
나 친근한 분들이 안 계시는 많은 여성들이 있습니다.
공동체 활동과 관련 기관 연결 등을 통해 그들을 돌봐
주고, 그들의 마지막 생의 과업인 죽음 정리를 어떻게

할 수 있을 것인가를 활동가들과 고민합니다. 경력과 자본이 있는 여성들은 더 행복해지려고 하지만, 이것들을 가지고 있지 않은 여성들이 더 불행해져서는 안 되기 때문입니다.

개인적으로는 요가를 열심히 하고, 가곡 부르기와 오페라 감상 등 즐거운 생활도 하며 도서관 봉사도 주 1회 하고 있습니다.


## # 나의 길을 뒤따라 걸어올 후배 페미니스트들에게


제가 자주 만나는 제자들이 거의 50대 중후반입니다. 제 딸이 1977년생이고, 며느리가 1982년생입니다. 그들의 성장기는 그래도 한국의 개발도상국 발전 모형을 따라왔기에 교육여건이나 경제적 상황이 그리 힘들지 않았습니다. 열심히 한 만큼 보상이 주어졌습니다. 성취감이나 만족감이 비교되기는 했지만, 생존 자체를 걱정하지는 않았습니다. 그러니 지금 하듯이 그리하면 됩니다.

좋은 옷이나 핸드백 등에 대한 미련만 버리면 행복해집니다. 더 오래 이 세상 문제에 대해 생각해 보기를 바랄 뿐입니다.

제 손녀가 2005년생입니다. 그리고 책을 통해 만나는 10대, 20대의 삶은 갈피를 잡을 수가 없습니다. 그 아이들이 좋아하는 것은 나와는 매우 다릅니다. 모든 것을 휴대폰을 통해 흡수하고 버립니다. 제가 하는 조언이 2000년대 중반을 살아가야 할 그들에게 맞을지 모르겠습니다.

그러나 제가 후배들에게 하고 싶은 말은 "먼저, 자신을 아끼고 성장시켜야 합니다. 그리고 또 하나, "인생은 절대 혼자 사는 것이 아니야."라는 것입니다. 주변에는 좋은 동지, 어른들이 많습니다. 일상의 연대, 가치의 연대로 함께 살아가야 합니다. 나보다 먼저 살다 간 이들이 남긴 말과 책을 통해서 좋은 사람을 만날 수 있는 혜안을 얻길 바랍니다.

에필로그

# 페미에게

안녕하세요? 요즘 잘 지내시는지요. 너무 갑작스러운 편지이죠? 저는 당신에 대해서 많이 알지는 못하지만 비슷한 점을 찾아보려고 합니다. 우리는 각자 관념은 다르겠지만 페미니스트로 본인을 정의하게 된 시작점은 비슷하다고 생각해요. 당신이 있는 그곳에서 이해할 수 없는 상황에 대한 분노로 혹은 다른 그 어떤 감정을 계기로 페미니스트가 되었다고 생각해요. 저도 마찬가지랍니다. 저는 당신이 무슨 상황을 겪든 간에 안녕했으면 좋겠어요. 그래서 난데없이 편지의 시작 부분부터 당신의 안부를 여쭤봤네요.

저는 이번에 페미니스트들이 모인 모임에 참여하게 되었어요. 다섯 번의 만남으로 다양한 이야기꽃을 피웠는데 아쉽게도 <삶의 재미, 지루하지 않게 사는 방법>의 주제였던 두 번째 모임은 일정 때문에 참여하지 못했어요. 제일 궁금했던 주제였는데 말이에요. 어쨌든 다섯 가지의 다양한 주제를 놓고 편안한 분위기에서 페미니스트들끼리 얘기할 수 있었던 것은 제게 잔잔한 위로와 좋은 영양분이 되었어요. 대화를 나누면서 꼭 '페미니즘'이란 단어에만 집중하는 게 아니라 각자 살아가는 방식을 들을 수 있는 것도 좋았고요. 사실 그렇잖아요. 우리가 '페미니즘'에 관심을 두게 된 것도 본인을 위한 선택이었듯이 살아가는 것에 대한 소소한 얘기도 우리를 위한 시간인 것만 같았어요.

하지만 저는 사실 겁이 나기도 해요. 불법 촬영에 대한 비판적인 글을 썼던 여성분이 회사에서 해고당하는 상황과 그 외에 비슷한 일들이 많은 것을 볼 때 부끄럽지만 가끔은 페미니즘을 잘 알지 못했던 과거의 제가 편안해 보일 때도 있었어요. 이젠 그때로 돌아가기 힘들겠지만 말이에요. 그래서 더욱 지치지 않고 행복하고 편안하면서 오랫동안 페미니즘적인 시각을 가질 수 있는 방법을 찾게 되는 것 같아요.

많은 방법 중 하나를 꼽자면 여성들과 맺는 느슨한 연대입니다. 그 힘이 저를 지금까지 버티게 해 주었어요. 당신도 당신만의 방법이 있겠지요. 그럼, 오늘도 고생 많으셨고 편지 읽어주셔서 감사해요. 오늘 밤엔 아무런 걱정 없이 푹 주무실 수 있기를.

언제나 당신이 안녕하기를 바라는 그린이

# S에게

안녕. 고등학교를 졸업하고 같은 대학교에 다니면서 종종 편지를 주고받았는데 대학교를 졸업하고 회사 생활하면서 점점 멀어졌고 서로 연락은 뜸해졌지. 정말 오랜만에 편지를 너한테 써본다. 사실 회사 생활하면서 점점 멀어졌다는 말은 핑계일 거야. 스마트폰을 갖고 있으니 얼마든지 마음만 먹고 검색하면 찾을 수는 있었겠지만 나는 하지 않았고 그냥 이 정도 선에서 마무리를 지었던 것 같아.

사회생활을 하면서 유리천장에 계속 부딪혔던 걸 기

억하니? 회사에서 면담하다가 용기 내어 물어보았어. 나랑 동갑내기 남자, 똑같은 경력 연차. 왜 저 사람이 나보다 직급이 높은지. 회사 임원진은 나에게 이렇게 이야기하더라.

"쟤는 군대 다녀왔잖아."

공기업도 아닌 사기업에서 그런 이야기를 들을 줄은 꿈에도 몰랐어. 이런 식의 경험이 계속 쌓여 힘들고 지칠 때 넌 나에게 이런 이야기를 했지.

"한국 남자들은 불쌍해."

내가 왜냐고 물어보니 너는 전형적인 답변을 꺼내놓았어. 여자는 결혼하면 그만인데 남자들은 일해서 돈 벌고 결혼하면 처자식 먹여 살려야 하니 일 그만두지도 못한다고 했지. 억지로 일하고 결혼하고 자기 가정에만 신경 쓰면 되는 게 아니라 처가 식구들까지 먹여 살려야 하니 너무너무 불쌍하다며 남자에게 연민을 느끼는 너에게 난 반문했어.

그럼 넌 주체적으로 살지 않을 거야? 결혼하고 남편한테 너의 언니, 너의 남동생, 너의 부모님 다 맡기고 넌

의존하면서 살고 싶다는 거야? 너는 발끈하며 그건 아니야! 내 말은 그게 아니라! 그건 아니고! 하며 소리만 질렀지. 그때 이후로 조금씩 멀어지고 너에게 연락을 더 이상 하지 않았던 것 같아.

지금 너는 잘 지내고 있니? 예전 너의 발언에 조금의 변화는 없었니? 지금은 조금 궁금해. 너에게 페미니스트로 각성을 해라, 마라 할 수는 없지만 너 자신을 더 사랑하는 더 멋진 30대가 되었으면 좋겠다. 우리 예전에 서로 잘 어울려 다녔었는데 너도 나처럼 가끔 내 생각 해줬으면 좋겠다. 너의 행복을 빌게.

너와의 추억을 떠올리며 J가

# 혜영이에게

이렇게 편지를 쓸 때면 세월을 기념하게 돼. 언제 우리가 서른이 넘었고 어느새 1인 분의 몫을 하게 되었지. 눈을 감으면 아무것도 몰라서 매일 당황스러웠던 지난 10년이 떠올라. 나는 늘 언저리를 맴돈 것 같아. 누군가에게 의지하는 법을 배우지 못해서 영원히 자라지 않는 듯한 나를 간신히 붙잡고 살았던 것 같아. 그 어느 시간을 짚어도 내 곁에는 친구들이 있었는데 왜 그땐 몰랐을까.

많은 이름들이 내 뒤에 쌓여가. 그 순간에 소중한 줄

모르고 교만했던 나에게 당연한 결과로 남게 된 친구들의 이름들. 여전히 후회해. 하지만 그때로 돌아가도 어떤 것도 변하지 않겠지. 그때의 나는 땅이 없는 길을 걷는 것 같았으니까.

나는 불안정했고 그만큼 완벽하려고 날을 세웠지. 그 모든 시간에, 끝없이 내가 뱉어내는 말과 행동에도 너는 그냥 거기에 있었어. 처음에는 몰랐고 나중에는 이상했지. 스스로에게 한 뼘의 자리도 만들어 주지 못하는 척박한 나에게 왜 매번 기회를 줬는지 여전히 생각해.

너는 나와 다른 사람이야. 그리고 앞으로는 더 다른 인생을 살겠지. 넌 결혼을 하고 아이를 낳고 네가 원하던 행복한 가정을 꾸리게 될 거야. 너의 행복을 진심으로 기도하면서도 예전보다 자주 끝을 생각하게 돼. 누군가와 제도로 묶여 평생을 누군가의 아내, 엄마로 사는 것이 너무 이상한 나에게 아내가 되고 엄마가 된 너를 어떻게 받아들일지 모르겠는 나를 걱정해. 네가 그랬던 것처럼 그냥 그렇게 있으면 되는데 말이야.

　가끔은 모든 게 지루해. 내가 여자인 것도, 나를 보호하기 위해 다른 이의 삶을 이해하는 것도, 네가 나와는 전혀 다른 삶을 선택하더라도 네가 행복하기를 바라는 것도 모두 다. 늘 그랬듯이 흘러가겠지. 이 순간도.

　어제보다 더 나은 사람이라는 건 미성숙한 채로 오늘을 살았다는 말 아닐까. 난 아직도 완벽함을 찾고 있어. 불가능하고 불필요하다는 것을 알면서도. 부디 더 오래 너의 친구로 남을 수 있기를 기도해.
　결혼 축하해.

　　　　　　　　　　　　　　　　여름이가

# 당신에게

차가운 공기 사이로 하얀 입김이 나오는 계절, 이제는 완연한 겨울입니다. 다들 잘 지내실까요. 편지에 어떤 내용을 담을지 고민하다가 저는 그냥 제 이야기를 덤덤히 흘려보낼까 합니다.

한 해의 마무리를 앞둔 지금, 요즈음 어떤 하루를 보내고 있고 어떻게 일 년을 보내왔는지요. 2023년은 제게 있어 가지가 뻗어 나가는 시기였습니다.

여태까지는 제가 머무를 수 있는 자리를 찾고, 씨앗을 심고, 잘 자라나기 위해 방법을 고민하는 시기였다면 2023년은 제게 맞는 방법을 찾아 쑥쑥 성장하는 시기였어요. 따뜻한 햇살을 맞으며 물을 듬뿍 머금은 저는 어느새 제 안의 것들이 뻗어져 나가 제가 확장되고 있다는 느낌을 받아요.

작년 이맘때쯤에는 계절의 변화에도 기민해져서 이질감이 들었던 것 같아요. 가을이 되면서 이르게 찾아오는 어둠은 꼭 저를 잠재우는 듯하여 저는 하루를 마무리할 준비가 되지 않았는데도 그대로 가라앉아 버렸어요.

제가 쥐고 있는 것들은 많은데 적응을 하나도 하지 못해서 모든 게 버거웠거든요. 무언가를 할 힘도 없었고, 겨우 버티고 있었죠. 내가 선택한 길이 맞는 건지 회의감도 들고 걸어가는 길이 쓸쓸하고 외로웠어요. 너무 많은 게 한꺼번에 변하다 보니 설렘보다는 불안과 걱정이 제 몸을 지배하고 있었거든요.

그런데 일 년이 지난 지금 다시 생각해 보면 저는 지

독한 성장통을 겪느라 아팠던 것 같아요. 참 많이 아팠던 만큼 저는 그만큼 많이 성장했습니다. 저는 제게 닥친 상황들에 도전했고, 도전하다 보니 적응했고, 적응한 저는 그렇게 극복했습니다. 처음이 주는 설렘과 불안 속에서 이제는 불안보다도 제 삶에는 설렘이 크게 자리 잡고 있어요.

제가 믿어 왔던 삶이 흔들리고 무너질 만큼 위기였는데도 제가 잘 버텨 준 덕분에 제 삶은 지금 따뜻한 햇볕 아래에서 가지가 길고 세밀하게 뻗어져 나가고 있습니다.

누군가 그랬습니다. 선생님은 지금 인생의 황금기를 맞이하고 있다고요. 홀로 걸어가는 길이라 느꼈던 저의 길에는 이제 저를 지지해 주고 응원해 주는 사람들이 가득하고, 늘 머릿속으로만 생각해 왔던 일들을 실천에 옮겨 이제는 저의 가치를 실현하는 일을 하고 있습니다.

나 혼자 힘으로 세상을 바꾸지는 못하겠지만, 적어도

내 주변만큼은 선한 영향력을 미치면서 살고 싶다는 가치를 저는 교육을 통해 실천하고 있습니다. 제가 학교로 나가 만난 아이들의 영혼은 너무나 맑고 여려서 이 아이들을 잘 인도해 주는 바른 교육자가 필요하겠다는 생각이 들었고, 저는 올해 그런 교육자가 되어야겠다고 결심했습니다. 저는 제가 선택한 이 길이 제 삶에 깊게 뿌리내릴 것이라는 걸 믿어 의심치 않아요.

제 삶이 이렇게까지 뻗어 나갈 수 있는 데에는 수많은 여성들의 목소리가 있었습니다. 긴 밤 마음 깊숙이 파고든 공허에도 나를 바라봐 주던 따스한 눈빛에, 순간을 함께했던 긴 여운에 취해서 잠들어도 괜찮을 거라는 사실을 작년부터 쌓아 온 여러 관계들을 통해 깨달았습니다.

오고 가는 대화들이 거창하지 않아도, 특별하지 않아도 흘러가는 하루 속 순간을 나눌 수 있는 건 귀한 일이라고, 그러한 순간은 없어지지 않고 차곡차곡 쌓여 우리를 더욱 견고하게 만들어 준다는 사실을요.

제 곁에는 그렇게 여러 여성들의 목소리가 있었습니다. 제가 넓은 세상으로 나아갈 수 있도록 길을 알려 준 여성들의 목소리, 혼자가 아니라는 걸 상기시켜 주며 곁을 지켜 준 여성들의 목소리, 저를 응원해 주고 지지해 준 여성들의 목소리... 이 목소리들은 길게 이어질 때도 있었고 짧게 머물 때도 있었지만 저를 향해 보여 준 마음들은 같았습니다.

저는 그래서 제게 건네준 마음들을 당신께도 전하고 싶습니다. 어떤 형태로 돌려 드리게 될지는 모르겠지만 먼저 이 글을 읽고 있는 이름 모를 당신의 하루를 응원하고 당신을 지지하는 애틋한 마음을 편지에 담아 전달해 드리고 싶습니다.

세상이 무너질 것처럼 힘들었던 순간에도 잘 버텨 내고 오늘을 살아가는 여성이 있다고, 보통의 어른으로 성장해 평범한 일상을 살아가는 한 여성의 이야기를 들려 드리고 싶었어요. 당신에게 편지를 쓰는 것을 통해 2023년의 마침표를 찍고 또 한 해를 잘 살아가기로 결심했다고 말을 덧붙이면서요.

저라는 나무는 훗날 어떤 열매를 거둘지 모르겠지만, 지금은 그저 무럭무럭 자라고 있는 저를 칭찬해 주고 싶습니다. 그러니 글을 읽고 있는 당신도 당신의 나무를 보살피며 이번 겨울은 따뜻하게 보내시면 좋겠습니다.

추신. 저는 노년에는 여성들이 편안하고 안전하게 쉬다 갈 수 있는 민박집을 차릴 거예요. 제가 사랑하는 책과 연관된 공간으로 꾸며서요. 여러분을 초대해 드리고 싶으니, 그때까지 다들 평안하시길 바라요.

봄이

## 페미가 페미에게
### 다른 세대의 같은 페미니스트들

| | |
|---|---|
| 발행일 | 초판 1쇄 2024년 7월 9일 |
| 엮은이 | 부산여성단체연합 bwau1999@hanmail.net |
| 기획 총괄 | 석영미 |
| 기획 편집 | 김수현 조현주 정은주 |
| 마케팅 | 정은주 |
| 디자인 | 장지숙 |
| 펴낸곳 | 도서출판 사계 333-2024-000012 |
| 전화 | 010 6566 1894 |
| 이메일 | seasoncom@hanmail.net |
| ISBN | 979-11-987752-0-7  03330 |